全域国土综合整治
项目全过程咨询和管理指南

严圣华 周胜利 ◎ 著

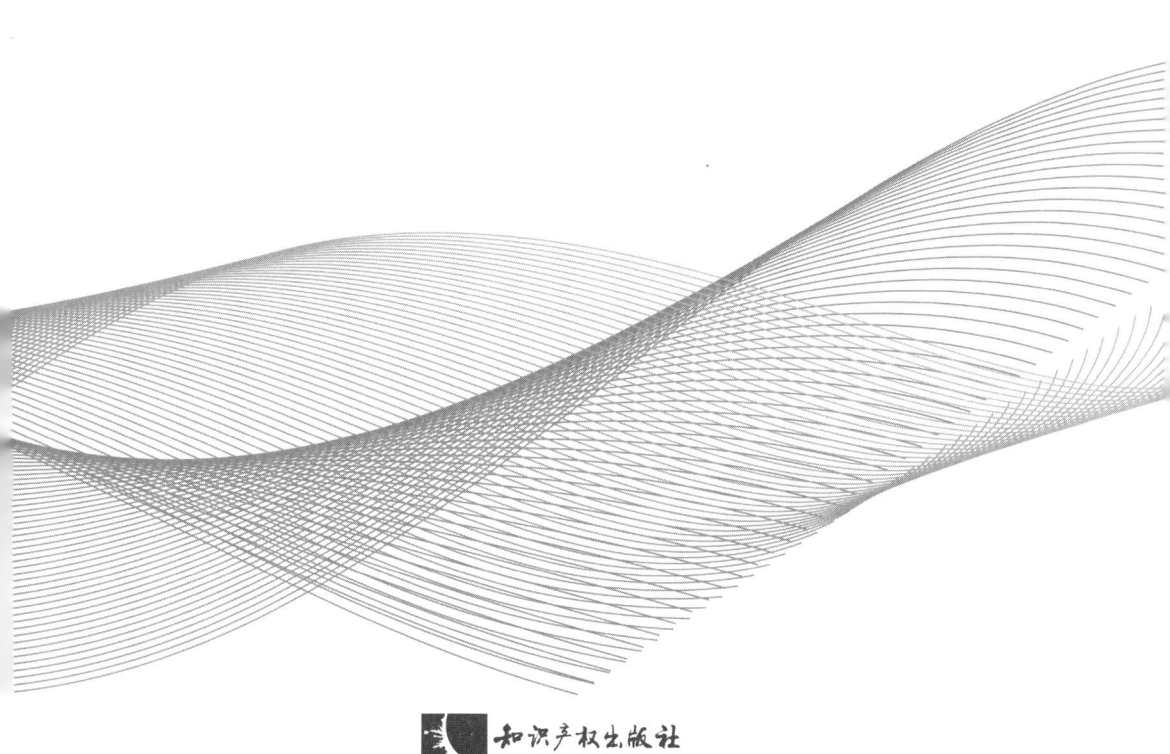

知识产权出版社
全国百佳图书出版单位
—北京—

图书在版编目（CIP）数据

全域国土综合整治项目全过程咨询和管理指南 / 严圣华，周胜利著．
—北京：知识产权出版社，2022.12
ISBN 978-7-5130-8490-1

Ⅰ.①全… Ⅱ.①严… ②周… Ⅲ.①国土整治—研究—中国 Ⅳ.①F129.9

中国版本图书馆 CIP 数据核字（2022）第 227856 号

内容提要

本书是作者多年规划编制、项目管理的理论探索和实践经验总结。作为一本集技术总结、理论探索和项目管理于一体的综合性专著，本书的篇章结构清晰、文字内容简练、图释内涵丰富，系统阐述了全域国土综合整治项目全过程咨询和管理方法，并把它高度概括提炼为"348"模式，即组织管理三架构、顶层规划四要素、全程运作八字诀。具体来说，实施全域国土综合整治项目，在项目管理上要建立SPV公司、全咨服务和RIM数据等架构，在顶层规划方案编制中要重点回答好"人哪里去""地怎么整""业怎么创""钱如何筹"等问题，在项目全过程运作中要重点把握策、融、投、规、设、建、管、运等环节。

本书既可为政府方、资本方、咨询方提供经验借鉴，也可作为资料供高校相关专业师生学习。

责任编辑：张水华　　　　　　　　　责任校对：王　岩
封面设计：臧　磊　　　　　　　　　责任印制：刘译文

全域国土综合整治项目全过程咨询和管理指南

严圣华　周胜利　著

出版发行：	知识产权出版社有限责任公司	网　　址：	http://www.ipph.cn
社　　址：	北京市海淀区气象路 50 号院	邮　　编：	100081
责编电话：	010-82000860 转 8389	责编邮箱：	miss.shuihua99@163.com
发行电话：	010-82000860 转 8101/8102	发行传真：	010-82000893/82005070/82000270
印　　刷：	三河市国英印务有限公司	经　　销：	各大网上书店、新华书店及相关专业书店
开　　本：	720mm×1000mm　1/16	印　　张：	8
版　　次：	2022 年 12 月第 1 版	印　　次：	2022 年 12 月第 1 次印刷
字　　数：	130 千字	定　　价：	89.00 元

ISBN 978-7-5130-8490-1

出版权专有　侵权必究
如有印装质量问题，本社负责调换。

编 委 会

主编单位：湖北农业发展集团有限公司
指导单位：湖北省乡村振兴投资集团有限公司
承编单位：湖北省农业规划设计研究院有限公司

参编单位：（按单位名首字母顺序）
　　　　　湖北大学资源环境学院
　　　　　湖北地宜土地房地产评估咨询有限公司
　　　　　武汉飞虹工程管理咨询有限公司
　　　　　中国葛洲坝集团勘测设计有限公司
　　　　　中南设计集团武汉工程技术研究院
　　　　　中工武大设计集团有限公司

主　　编：严圣华　周胜利
副 主 编：刘　海　董晓丽　杨　权　李志勇
编　　委：（按姓氏拼音首字母顺序）
　　　　　陈代军　邓文胜　冯华华　冯　坤　贺　超　江建斌
　　　　　龙　潇　刘　润　刘　韬　刘华钢　李　杨　宁文峰
　　　　　彭巧瑜　苏　杰　田　禾　汪　淏　谢雪萍　杨　洁
　　　　　张　佳　张青云　张艳敏

INTRODUCTION
序 言 一

土地是人类生存的根本，从中国传统农耕社会的开荒垦田和精耕细作，到现代社会的高标准农田建设和土地修复，对土地的开发、利用、保护和修复贯穿于人类文明发展史。我国1999年施行的《土地管理法》首次明确"国家鼓励土地整理"，由此延伸出土地开发整理、土地整理复垦、农村土地整治、土地综合整治等概念。近年来，全国土地整治工作不断发展，在保护耕地和节约用地、促进城乡统筹发展和乡村振兴等方面发挥了重要作用，并取得了显著成效。

从自发行为上升为国家政策，土地整治工作已成为农业和农村现代化的重要抓手。针对乡村耕地碎片化、空间布局无序化、土地资源利用低效化、生态质量退化等多维度问题并存的现象，单一要素和手段的土地整治模式已经难以完全解决问题。因此，各地需要在国土空间规划的引领下，进行全域规划和整体设计。现阶段的全域国土综合整治是以科学规划为前提，以乡镇为基本实施单元，整体开展农用地、建设用地整理和乡村生态保护修复等工作，对闲置、利用低效、生态退化及环境破坏的区域实施国土空间综合治理的系统工作。通过综合性手段和方略进行国土综合整治，这不仅有利于统筹农用地、低效建设用地和生态保护修复，更有利于促进耕地保护和土地节约集约利用，实现山水林田湖草系统治理，还可以解决乡村地区一二三产融合发展用地问题，并助推乡村振兴。

全域国土综合整治不仅是土地整治概念上的升华，而且内涵和外延也发生了深刻的变化。作为一种综合性、系统性特别强的项目，当前还处于国家试点阶段，政府部门、社会资本、专业机构都在摸索和试验，各方迫切需要一个可借鉴、可探讨的模式和思路。严圣华、周胜利等同志在总结实践经验的基础上，著作《全域国土综合整治项目全过程咨询和管理指南》填补了这项空白，其意义重要、作用巨大。

该书凝聚了著者诸多心血，是十多年在空间规划领域理论研究和实践探索中的重要成果。作为一本专业著作，该书篇章结构简洁、文字内容朴实、图片解说丰富，充分阐述了全域国土综合整治项目利益相关方的诉求。书中论述了"人""地""业""钱"规划方案编制的四大关键问题，并从策划、融资、投资、规划、设计、建设、管理、运营八个方面探索了项目的全过程咨询和管理的思路和方法，既可以给项目参与者提供决策参考和经验借鉴，也可以作为参考资料供高校相关专业师生学习。

就国情来说，中国传统农业经济为主的生产模式还将持续一段时间，土地碎片化、生态环境质量退化、建设用地无序化等是乡村振兴过程中迫切需要解决的问题，以全域国土综合整治为抓手是一个很好的思路，该试点工作也必将走向全面推广。为了进一步探索全域国土综合整治成熟模式，不断完善项目咨询和管理思路，需要相关从业者付出更多艰苦努力。

我把本书推荐给广大读者，希望大家有所收获，并期望各位同行在乡村振兴和全域国土综合整治的项目实践中做出更多新的探索。

是为序。

华中师范大学 曾菊新

2022 年 12 月　武汉　桂子山

INTRODUCTION
序言二

党的二十大报告指出，我们要推进美丽中国建设，坚持山水林田湖草沙一体化保护和系统治理；湖北省第十二次党代会提出，我们实施强县工程，加快推进以县城为重要载体的就地城镇化和以县域为单元的城乡统筹发展。当前，用全域国土综合整治的方法和手段推进乡村振兴，是一项全新探索，对我们加快构建新发展格局、推动高质量发展意义重大。

针对乡村地区长期存在的耕地碎片化、空间布局无序化、土地资源利用低效化、生态质量退化等系列问题，传统单要素土地整理已难以适应，必须按照生命共同体理念，实施山水林田湖草沙系统治理，在这种背景下全域国土综合整治应运而生。通过一定区域内土地全要素系统规划、整体设计、综合治理，建设"生态田美水秀、生产集约高效、生活宜居适度"的富春山居图，同步实现乡村地区资源资产整合，为产业导入和产业运营创造条件，实现社内外经营、内外部需求有效衔接，从而塑造乡村持续发展的内生造血机制。从这点上来说，全域国土综合整治是落实国家乡村振兴战略的有效路径、方法和手段。

2018年，党中央、国务院发布《乡村振兴战略规划（2018—2022年）》，提出农村土地综合整治重大行动以来，全国批复了大量项目试点，各地政府和各路社会资本、咨询服务机构进行了大量的试点探索。湖北农业发展集团有限公司积极参与湖北省全域国土综合整治试点，与湖北省自然资源厅签署"共同开展耕地开发和生态修复合作协议书"，发起设立湖北省乡村振兴投资基金、耕地开发与生态修复基金，旗下全资子公司湖北省乡村振兴投资集团有限公司聚焦服务乡村振兴战略实施的主责主业，已投资了湖北省9个全域国土综合整治省部级试点项目。

作为试点项目，全域国土综合整治是一项没有经验可循、利益述求多元的复杂工程，需要整合多方资源和力量共同参与，政府部门希望盘活资源资产推动地方经济社会发展，社会资本希望有稳定的投资回报，当地居民希望享受更高质量的生产生活服务，多方迫切需要一个可借鉴、可参考的合作模式和思路。作为湖北省乡村振兴投资集团旗下的乡村振兴综合智库，湖北省农业规划设计研究院承担了湖北多地全域国土综合整治项目咨询服务工作，在全域国土综合整治项目的"决策、设计、建设、运营"等全生命周期服务方面，初步形成了一套系统解决方案，在大量理论探索和实践经验的基础上，撰写的《全域国土综合整治项目全过程咨询和管理指南》填补了这项空白，其理论探索深入、技术价值巨大、实践意义深远。

本书的编著出版凝聚了编者大量心血，是在多年规划编制、项目管理的理论研究和项目实践中摸爬滚打基础上总结出来的心得。作为一本集技术总结、理论探索和项目管理于一体的综合性专著，本书的篇章结构清晰、文字内容简练、图释内涵丰富，系统阐述了全域国土综合整治项目全过程咨询和管理方法，并把它高度概括提炼为"348"模式，即组织管理三架构、顶层规划四要素、全程运作八字诀。具体来说，实施全域国土综合整治项目，在项目管理上要建立SPV公司、全咨服务和RIM数据等架构，在顶层规划方案编制中要重点回答好人哪里去、地怎么整、业怎么创、钱如何筹等问题，在项目全过程运作中要重点把握策、融、投、规、设、建、管、运等环节。

本书既可供政府方、资本方、咨询方提供经验借鉴，也可以作为资

序 言

料供高校相关专业师生学习。在此我把本书推荐给广大读者，希望大家读后能有所收获，并迸发出新的思想火花，在乡村振兴和全域国土综合整治项目实践中取得更大成果。

是为序。

中国地质大学

2022 年 12 月　武汉南望山

CONTENTS 目 录

第一部分　咨询管理总纲 ······················· 001

　A0000　组织管理三架构 ······················· 003
　B0000　顶层规划四要素 ······················· 004
　C0000　全程运作八字诀 ······················· 005

第二部分　咨询管理指南 ······················· 009

　A0000　组织管理三架构 ······················· 011
　　A0100　SPV 公司架构 ······················· 011
　　A0200　全咨服务架构 ······················· 019
　　A0300　RIM 数据架构 ······················· 028
　B0000　顶层规划四要素 ······················· 032
　　B0100　四要素集成 ······················· 032
　　B0200　"人"要素 ······················· 036
　　B0300　"地"要素 ······················· 039
　　B0400　"业"要素 ······················· 043
　　B0500　"钱"要素 ······················· 047

C0000	全程运作八字诀	050
C0100	"策"——方案策划	050
C0200	"融"——资金筹措	058
C0300	"投"——投资主体	062
C0400	"规"——顶层规划	066
C0500	"设"——工程设计	072
C0600	"建"——施工组织	078
C0700	"管"——项目管理	087
C0800	"运"——后期运营	093

第三部分　咨询管理导图

A	咨询管理总纲导图	099
B	咨询管理架构体系导图	100
C	咨询管理技术逻辑导图	103

参考文献 ……………………………………………………… 111

后　记 ………………………………………………………… 113

第一部分

咨询管理总纲

A0000　组织管理三架构

三架构	指南目录
A0100 SPV 公司架构	A0101　利益相关方
	A0102　多方关系构建
	A0103　相关方具体职责
	A0104　成立项目领导小组
	A0105　项目社会资本招采
	A0106　成立项目联合指挥部
	A0107　为何需组建 SPV 公司
	A0108　SPV 公司组建模式
A0200 全咨服务架构	A0201　项目管理要求
	A0202　什么是全过程工程咨询
	A0203　为何要推行全过程工程咨询
	A0204　全过程工程咨询服务模式
	A0205　项目决策阶段
	A0206　项目设计阶段
	A0207　项目施工阶段
	A0208　项目运营阶段
A0300 RIM 数据架构	A0301　RIM 由来
	A0302　RIM 系统的价值
	A0303　RIM 系统类型及应用
	A0304　RIM1.0 数据架构
	A0305　RIM2.0 数据架构
	A0306　RIM 应用前景

B0000　顶层规划四要素

四要素	指南目录
B0100 四要素集成	B0101　乡村地域系统
	B0102　人居与环境的关系
	B0103　顶层规划是什么
	B0104　四要素复合
B0200 "人"要素	B0201　相关的人
	B0202　人怎么组织
	B0203　怎么组织人
	B0204　"人"哪里去
B0300 "地"要素	B0301　基本国情
	B0302　农村集体资产
	B0303　三项地票是什么
	B0304　"地"怎么整
	B0305　土地经营合作社
B0400 "业"要素	B0401　产业是基础
	B0402　乡村产业的类型
	B0403　"业"怎么创
	B0404　产业发展合作社
	B0405　产业运营
B0500 "钱"要素	B0501　资金需求
	B0502　筹资渠道
	B0503　"钱"如何筹
	B0504　资金盘活

C0000　全程运作八字诀

八字诀	指南目录
C0100 "策"——方案策划	C0101 分析开发条件
	C0102 评估开发价值
	C0103 核实三项地票
	C0104 挖掘项目特点
	C0105 策划重大项目
	C0106 估算投资规模
	C0107 估算地票收益
	C0108 可行性评估
C0200 "融"——资金筹措	C0201 构筑项目筹资体系
	C0202 "筑台融资"怎么做
	C0203 "立项增资"怎么做
	C0204 "招商引资"怎么做
	C0205 "三资一促"可行性分析
	C0206 投融资平衡基本原则
C0300 "投"——投资主体	C0301 投资主体有哪些
	C0302 投资主体诉求分析
	C0303 SPV公司投资架构
	C0304 投资回报路径

续表

八字诀	指南目录
C0400 "规"——顶层规划	C0401 现状解读
	C0402 发展定位与目标
	C0403 产业发展规划
	C0404 空间总图布局
	C0405 建设用地规划管控
	C0406 非建设用地规划管控
	C0407 乡村设计引导
	C0408 公共设施配套
	C0409 基础设施提升
	C0410 综合整治安排
	C0411 分期实施
	C0412 规划图册
	C0413 规划成果
C0500 "设"——工程设计	C0501 规设衔接
	C0502 工程设计体系
	C0503 建设用地整治工程设计
	C0504 农用地综合整治工程设计
	C0505 生态保护修复和环境整治工程设计
	C0506 整治分区与工程设计协调
	C0507 工程设计评审要点
C0600 "建"——施工组织	C0601 施工发包准备
	C0602 施工发包工作
	C0603 施工前准备工作
	C0604 组织设计交底
	C0605 施工过程管理

续表

八字诀	指南目录
C0600 "建"——施工组织	C0606 工程设计变更
	C0607 项目竣工验收
	C0608 项目竣工结算
	C0609 项目移交
C0700 "管"——项目管理	C0701 项目管理体系
	C0702 项目成功和管理成功
	C0703 项目质量管理体系
	C0704 项目进度管理体系
	C0705 项目成本管理体系
	C0706 项目信息管理体系
	C0707 项目合同管理体系
	C0708 项目安全管理体系
C0800 "运"——后期运营	C0801 项目管护
	C0802 项目后评估
	C0803 项目运营方案
	C0804 项目运营模式选择
	C0805 建立运营实体
	C0806 评估综合效益

第二部分

咨询管理指南

第二部分 咨询管理指南

A0000 组织管理三架构

全域国土综合整治项目的组织管理是指在项目启动前，主要决策者在对全域国土综合整治项目运作特点、管理要求、基础条件等因素充分掌握基础上，对决定项目成败的项目公司组织架构、咨询服务模式选择、咨询运作数据管理等关键问题进行的系统谋划。本章具体分为 A0100 SPV 公司[①]架构、A0200 全咨服务架构、A0300 RIM 数据架构三部分，对上述问题进行详细说明。结合全域国土综合整治项目的特点，本指南所述"三架构"参考了工程咨询和建设工程项目管理的一般方法。

A0100 SPV 公司架构

A0101 利益相关方

全域国土综合整治项目决策是典型公共决策。

公共决策的利益相关方是指政府、企业和群众等与公共项目决策和实施有利益关联的个人或者群体。

全域国土综合整治项目决策和实施利益相关方主要有监管方、业主方、资本方、服务方四大类。

（1）监管方是指国家、省、市、自治区、地级市等全域国土综合整

---

① SPV 公司（Special Purpose Vehicle）即特殊目的公司，又称项目公司，通常作为项目建设的实施者和运营者而存在。

治项目的自然资源主管部门，以及涉及项目的审批立项、财务审计等程序性工作的各级政府部门。

（2）业主方是指全域国土综合整治项目的实施主体，一般来说这个主体是市、县、区人民政府或获得项目授权的自然资源部门，以及配合自然资源部门推进项目实施的相关乡镇人民政府和村民委员会，其中村民委员会是项目实施的最直接受益方。

（3）资本方是指具体负责全域国土综合整治项目实施的社会资本，按类型可分为金融资本和产业资本，如各类商业银行、政策性银行、农业和商业投资资本；按地域可分为地方和外来投资平台公司，如市、县、区所属的各类投资公司等，外来的央企、省属国企等投资平台公司；按资本性质可以分为国有资本、民营资本、混合所有制资本等类型。

（4）服务方是指服务于社会资本、推进全域国土综合整治项目建设的施工方和全咨方，具体指各类房建、市政、园林、水利水电等施工单位，以及开展项目管理、工程咨询、勘察设计、投标代理、施工监理、工程造价等工作的工程咨询服务单位。

利益相关方权责利边界界定和多方关系科学构建，是开展全域国土综合整治项目前期准备最重要的基础工作。

A0102　多方关系构建

多方关系构建指在利益相关方分析基础上，明确多方主体具体是哪些，并分析其主要利益诉求和主要职责。

监管方的主要利益诉求是落实国家试点，督导项目顺利推进，其主要职责是政策统筹、督促实施和技术指导。

业主方的主要利益诉求是促进经济社会高质量发展和乡村振兴发展，其主要职责是保证审批立项的全域国土综合整治项目按期建成。业主方是涉及市、县、区人民政府、自然资源部门、项目区所在地乡镇人民政府、项目区涉及村（居）民委员会的复杂利益综合体，各自的利益诉求因所处角色不同而不同。

资本方的主要利益诉求是获取投资回报，其主要职责是整合资源，统筹投融资进度并保证项目顺利推进。金融资本和产业资本、地方和外来投资平台公司作为资本方，获取投资回报的回报率、回报方式、回报路径因资本性质不同而不同。

服务方的主要利益诉求是获取服务报酬，其主要职责是依据自身的工程施工和工程咨询能力，负责与全域国土综合整治项目推进相关的项目管理/投资咨询/招标/勘察/设计/监理/造价/物资采购/工程施工/供应等具体工作。

多方主要利益诉求和主要职责的分析界定，是组建项目领导小组、开展社会资本招采、成立项目指挥部、组建SPV公司、SPV公司顺畅运行的基础，是项目管理成功的关键。

A0103 相关方具体职责

监管方的具体职责包括试点统筹、督导实施和技术指导三大类，其中试点统筹包括但不限于制定并发布开展全域国土综合整治的试点申报通知、开展全域国土综合整治工作指南、全域国土综合整治试点项目实施管理办法等；督促实施包括但不限于发布或组织收集项目进展期报信息、试点项目推进督查、项目绩效考评等；技术指导包括但不限于发布并组织全域国土综合整治实施方案编制技术要点、全域国土综合整治规划设计审查要点、年度申报项目竞争性评审等。

业主方的具体职责分为如下几类：①市县区人民政府担负全域国土综合整治项目的主体职责，包括但不限于：对接省级、地级市人民政府及自然资源主管部门，争取项目申报机会；研究制定"政府主导、部门协同、上下联动、社会参与"的工作机制，成立全域国土综合整治领导小组，并明确职责分工；组建SPV公司，并组建项目联合指挥部等。②自然资源部门担负全域国土综合整治项目的组织职责，具体包括但不限于：项目领导小组和联合指挥部的日常组织工作；实施方案的编制报批；社会资本的招采；规划设计方案的审查报批；工程竣工验收及指标入库备案等。③项目区所在地乡镇人民政府负全域国土综合整治项目的协调职责，具体包括但不限于：协调并组织人力物力，落实领导小组和联合指挥部关于项目推进的各项决策部署；负责组织动员群众、勘察设计调研走访、各种入户谈判、征地拆迁、施工现场等具体协调工作。④项目区涉及村（居）民委员会担负全域国土综合整治项目的配合职责，起到联系农户和与农户沟通协调的纽带作用。

资本方的具体职责包括但不限于：落实领导小组和联合指挥部关于项目推进的各项决策部署；牵头组建SPV公司，完成项目公司注册登记、资本金注入、内设机构、人员和制度等建设；对接金融机构完成项目融资程序，落实项目建设资金，并统筹项目资金投放进度，制订与项目进度计划对应的投资计划；负责咨询方和施工方EPC[①]招采，组织咨询方完成项目规划设计方案编制、申报审查和报批、施工图交底、项目变更、编制竣工图等一系列工作，组织施工方开展施工前期准备工作、工程施工队进场施工等工作。资本方的最终责任是实现全域国土综合整治项目质量、进度、投资三大目标，确保项目成功和项目管理成功。

施工方的具体职责包括但不限于：落实领导小组和联合指挥部关于项目推进和工程施工方面的各项工作部署，采取施工总包方式具体落实项目实施方案（可研）批复后的房建、市政、公路、园林绿化、农田水利、地质灾害等施工服务。施工方需落实经依法合规程序报批的各子项工程施工图，保证施工的质量和进度，其最终责任是实现全域国土综合整治项目施工进度目标，同步配合资本方实现全域国土综合整治项目投

---

① EPC（Engineering，Procurement，Construction），即设计、采购、建设。

资计划，和咨询方共同支持资本方实现项目管理成功。

咨询方的具体职责包括但不限于：落实领导小组和联合指挥部关于项目推进咨询服务方面的各项工作部署，采取咨询总包方式具体落实项目实施方案（可研）批复后的项目管理、勘察、规划、设计、造价、监理等咨询服务工作。咨询方的最终责任是实现全域国土综合整治项目质量目标，确保项目成功，同步配合资本方实现全域国土综合整治项目"进度""投资"两大目标，支持资本方实现项目管理成功。

A0104　成立项目领导小组

市、县、区人民政府决策实施全域国土综合整治项目后，应组织并发布《×××市（县/区）人民政府关于成立×××全域国土综合整治领导小组的通知》，文件应明确组长、副组长、办公室主任和相关成员单位，明确领导小组和成员单位职责。

一般来说，领导小组办公室设在自然资源和规划局，领导小组的组长由市长担任，副组长由常务副市长或分管副市长担任，办公室主任由自然资源和规划局主要负责人担任。

成员单位包括但不限于如下：自然资源和规划局、发展和改革局、财政局、农业农村局、乡村振兴局、水利和湖泊局、交通运输（管理）局、住建局、商务局、招商局、生态环境分局、民政局、文化和旅游局、卫生健康局、城管执法局、各乡镇场、城投公司、供电公司、自来水公司、银保监组、各商业银行支行等。

领导小组的职责包括但不限于如下：①统筹协调市、县、区全域国土综合整治项目相关工作，研究制定相关支持政策；②部署市、县、区全域国土综合整治项目的谋划工作，对全域项目的实施时序安排和实施周期进行决策；③对市、县、区全域国土综合整治项目的机制建设和改革探索；④研究确定全域国土综合整治项目各部门任务清单；⑤各成员单位结合任务清单和资金整合方案，提出年度项目建议；⑥市、县、区党委、政府交办的其他工作。

各成员单位依据行业管理和全域国土综合整治项目各部门任务清单，制订相应的具体工作职责。

A0105 项目社会资本招采

市、县、区人民政府授权地方自然资源主管部门开展全域国土综合整治实施方案编制，在全域国土综合整治实施方案获得省级自然资源主管部门审批立项后，方可开始组织社会资本招采。

社会资本选择需要综合考虑项目试点的等级、地方经济发展水平及项目回报途径等因素，以湖北省开展的全市域全域国土综合整治试点项目为例，其社会资本选择的次序为：地方投资平台公司＋产业资本组合＞地方投资平台公司＞地方投资平台公司＋外来投资平台公司＋产业资本组合＞外来投资平台公司＋产业资本组合＞外来投资平台公司。资本方的选择对项目推进影响很大。

项目社会资本招采由地方自然资源主管部门组织，依据《中华人民共和国政府采购法》《中华人民共和国招标投标法》选择与项目类型相适应的招标方式，全域国土综合整治项目应选择公开招标／竞争性磋商为宜。

办理招标备案手续和招标申请后，由招标代理机构编制招标文件后，采取适当形式发布招标公告。

潜在的社会资本投标人，获取招标文件后编制投标文件，在招标公告规定的时间、地点参与社会资本投标。

评标委员会依据招标公告确定的评标标准和方法，对投标文件进行评审和比较，评标委员会完成评标后，向招标人提出书面评标报告，并推荐合格的中标候选人。

A0106　成立项目联合指挥部

项目社会资本招采完成后,应在项目领导小组指导下成立"×××全域国土综合整治项目联合指挥部",与领导小组办公室合署办公,负责项目日常具体推进工作的组织与协调。

一般来说,项目联合指挥部指挥长应由分管副市长担任,主要成员包括自然资源和规划局分管副局长、土地整治中心项目专班全体成员、资本方项目经理、施工方项目经理、咨询方项目经理等。

项目联合指挥部负责具体落实领导小组的工作部署,政府间及部门间的上下左右协调,统筹投融资及工作进度,项目管理相关的勘察、设计、监理、造价、施工、供应等。

A0107　为何需组建 SPV 公司

SPV 公司,一般来说,具体负责项目的设计、投融资、建设、运营维护与移交等工作。全域国土综合整治项目公司是典型的 SPV 公司。

全域国土综合整治项目是一项复杂的巨系统工程,市场缺乏具备"F+EPC+O"(投融资+设计采购施工+运营管理)三位一体能力的综合服务商。为保证全域国土综合整治项目的顺利推进,确保项目成功和项目管理成功,最理想的解决方案是构建"资本方+咨询方+施工方"参股的 SPV 公司,在政府方完成社会资本招采后,开展资本方主导下的咨询总承包和施工总承包。

A0108　SPV 公司组建模式

本节以"地方投资平台公司+产业资本"组合作为"社会资本"为案例,说明 SPV 公司组建的步骤和方案。

市、县、区人民政府授权地方投资平台公司（如原有的城投公司）或成立新的乡村振兴投资平台，作为政府出资人主体，依据项目特点和产业规划方案，引进产业资本作为社会投资人，两者共同出资组建SPV公司。一般应以政府出资人作为控股方，代表政府主导全域国土综合整治项目运作，社会投资人获得项目中适合社会化运营的子项、后期产业运营的业务机会。

社会资本SPV公司组建完成后，按市场化方式与金融资本对接，完成全域国土综合整治项目的融资过程。

SPV公司成立后，依据《中华人民共和国政府采购法》和《中华人民共和国招标投标法》要求，按法定程序完成全域国土综合整治项目EPC招采。

鉴于全域国土综合整治项目的复杂性，为保证项目推进过程中项目管理更好统筹、多方关系更顺畅，确保项目质量、成本、进度三个维度目标得以实现，确保项目成功和项目管理成功，依据《建设工程项目管理试行办法》（建设部建市〔2004〕200号发布）和《关于推进全过程工程咨询服务发展的指导意见》（发改投资规〔2019〕515号），项目EPC招采宜采用咨询总包、施工总包形式。

咨询总包包括但不限于与项目工程咨询相关的项目管理、勘察、规划、设计、造价、监理等业务。

施工总包包括但不限于与项目工程施工相关的房建、市政、公路、园林绿化、农田水利、地质灾害等业务。

咨询总包和施工总包应依据项目特点，由市场主体自行联合参与项目EPC投标，招标人择优选择潜在的投标人。

在EPC招采的招标文件中，宜明确咨询总包、施工总包单位分别以项目投资额大于1%、大于5%比例入股SPV公司，作为项目质量、进度履约保证金，并按股份获得相应的投资收益。

全域国土综合整治项目EPC招采中标单位同步获得工程咨询总承包、工程施工总承包的业务机会。

在项目联合指挥部领导下，全域国土综合整治具体工作由资本方、施工方、咨询方共同推进。

A0200　全咨服务架构

A0201　项目管理要求

项目管理贯穿于项目建设全过程，即从有投资意向开始到项目前期策划、规划及设计、施工前准备、施工、竣工验收及移交、保修及后评价，再到物业管理协调的全过程。

项目管理的最终目标，是通过对项目进行全过程的计划、组织、协调和控制，满足业主方发展需求，在计划时间内建成一个质量合格、财务盈利、多方受益、富有时代先进性的项目，保证业主和投资人的项目成功和项目管理成功。

建设项目规模越大、子项越多、工种越杂、周期越长，建设过程的利益相关者越多，项目管理的难度就越大，而全域国土综合整治项目是典型的高难度项目。

A0202　什么是全过程工程咨询

全过程工程咨询是对工程建设项目的前期研究和决策，以及工程项目实施运行（或称运营）的全生命周期，提供包括设计和规划在内的设计组织、管理、经济和技术等各有关方面的工程咨询服务，管理咨询和技术咨询兼而有之。

全过程工程咨询服务总体架构为"四七四五"体系，即项目生命周期的决策、设计、施工、运营四个阶段，项目咨询的项目管理、投资咨询、招标、勘察、设计、监理、造价七种服务，单位资质的勘察、设计、监理、造价四种类型，从业人员的投资咨询、勘察、设计、监理、造价五种资格。

全过程工程咨询有两种形式：一种形式是包括项目决策、设计、施工、运营四个阶段的完整全过程咨询；另一种形式是至少涵盖两个或两个以上阶段的阶段性全过程咨询。

全过程工程咨询的服务内容可以简单表述为"1+X"模式，其中"1"为全过程工程咨询项目管理服务，服务内容是全过程的策划、控制、协调工作，接近于以往的业主工作，是贯穿全过程的服务管理咨询；"X"是专业工程咨询服务的集合，项目公司依据项目特点将"七种或多项服务"以公开招标方式委托给潜在的工程咨询服务机构（咨询总包方），工程咨询服务机构对工程咨询产品质量负总责，并依据自身服务能力承担其中的一项或多项专业工程咨询服务，其他服务按照合同约定或经业主方、项目公司同意后，可将自有资质证书许可范围外的咨询业务依法依规择优委托给具有相应资质或能力的单位。

A0203　为何要推行全过程工程咨询

近年来，随着国家生态文明体制改革的推进，建设项目越来越强调顶层设计和系统治理，高质量发展呼唤治理体系和治理能力的提升，全域国土综合整治项目作为一项复杂的巨系统工程，特别需要施行全过程工程咨询服务模式。

全过程工程咨询的组织管理模式可以对投资项目的决策、规划、设计、施工、采购、监理、验收、运维管理、后评价等各个建设过程中的环节进行有效的控制，确保项目的工程质量，加快项目的推进进度，提升项目的投资效益，确保项目管理成功。

全过程工程咨询服务覆盖面广，咨询单位要运用工程技术、经济学、管理学等多学科的知识和经验，为委托方提供智力服务，如投资机会研究、项目方案策划、规划方案及施工图设计、融资方案策划、招标方案策划、项目管理方案制订等。

全过程工程咨询实施集成化管理，咨询单位需要综合考虑项目的质量、进度、投资、安全等目标，以及合同管理、信息管理、资源管理、风险管理、沟通管理等要素之间的相互制约和影响关系，以避免项目单要素管理出现漏洞和制约。

综上所述，2017年国务院办公厅、住房和城乡建设部相继出台《关于促进建筑业持续健康发展的意见》（国办发〔2017〕19号）和《关于开展全过程工程咨询试点工作的通知》（建市〔2017〕101号）文件；2019年3月15日，国家发展和改革委、住房和城乡建设部发布《关于推进全过程工程咨询服务发展的指导意见》（发改投资规〔2019〕515号），上述文件对全过程工程咨询服务模式、服务酬金计取方式、资质和从业人员资格等关键问题进行了规范。

A0204　全过程工程咨询服务模式

从当前国内的实践情况来看，大致分为以下三大类服务模式。

（1）全过程工程咨询顾问型模式。该模式是指从事全过程工程咨询企业受业主方、项目公司委托，按照合同约定为工程项目的实施提供全过程或若干过程的顾问咨询服务。其特点是咨询单位只是顾问，不直接参与项目的实施管理。

（2）全过程工程咨询管理型模式。该模式是指从事全过程工程咨询企业受业主方、项目公司委托，代表业主对工程项目的组织实施进行全过程或若干阶段的管理和咨询服务。其特点是咨询单位不仅是顾问，还直接对项目的实施进行管理，咨询单位可根据自身的能力和资质条件提供单项咨询服务。

（2）全过程咨询一体化协同管理模式。该模式是指从事全过程工程咨询的企业和业主方、项目公司共同组成管理团队，对工程项目的组织实施进行全过程或若干个阶段的管理和咨询。

A0205　项目决策阶段

全域国土综合整治的项目决策阶段是包括从项目建设意向到SPV公司组建完成的一系列决策工作的组合，包括但不限于如下内容：项目建设意向、争取项目申报机会、项目区选址比较、实施方案策划、实施方案编制报批、项目实施筹备等。

（1）项目建设意向。市、县、区级人民政府应落实国家乡村振兴主体责任，依据上级党委政府要求，整合相关政策和涉农项目资金，积极谋划全域国土综合整治项目，确定项目建设意向。

（2）争取项目申报机会。市、县、区级人民政府应积极对接省级、地级市人民政府及自然资源主管部门等，了解国家、本省全域国土综合整治项目申报政策要求，以争取项目申报立项机会。

（3）项目区选址比较。在确定项目建设意向并争取到项目申报立项机会后，市、县、区人民政府应责成发改委、自然资源、农业农村、乡村振兴等关键部门，就全域国土综合整治申报项目区选址开展多方案初步比选，收集相关基础资料并开展实地调研。

（4）实施方案策划。在初步比选项目区选址并确定意向选址后，自然资源部门应委托咨询机构开展实施方案策划，对意向选址进行综合条件评估、项目定位与目标分析、三项指标初步测算、三大类建设项目策划、项目建设资金估算、项目筹资方案及投融资平衡分析等关键问题进行系统策划，按筹资额大于投资估算的30%评估项目的可行性，以确定是否开展申报工作。

（5）实施方案编制报批。在实施方案策划完成后，市、县、区人民政府应按国家、省、市、自治区关于编制全域国土综合整治实施方案申报材料要求，开展下一步工作。一般工作内容包括：倾斜摄影、三维模型及1∶1000地形图测量；编制或调整乡镇国土空间总体规划或村庄规划；全域国土综合整治实施方案；永久基本农田调整方案；林地调整方案；规划效果图及汇报视频材料制作等，并由市、县、区人民政府委托自然资源部门按法定程序公开招采工程咨询单位。

（6）项目实施筹备。全域国土综合整治实施方案获得省级主管部门批准立项或立项备案后，市、县、区级人民政府应完成成立项目领导小组、社会资本招采、成立项目联合指挥部等关键性筹备工作，相关要求详见A0104、A0105、A0106等章节内容。

A0206　项目设计阶段

全域国土综合整治的项目设计阶段包括从SPV公司组建后到项目施工招标前的一系列设计工作的组合，包括但不限于如下内容：设计总包的招采、实施方案和村庄规划优化设计、项目工程设计和预算编制、技术评审和投资评审等。

（1）设计总包的招采。全域国土综合整治实施方案获得省级主管部门批准立项和立项备案，且市、县、区人民政府完成全部准备工作后，应在项目联合指挥部指导下，由项目SPV公司按法定程序完成设计总包的公开招采。为保障工程设计的系统性、设计深度和设计水平，项目工程设计宜采取设计总包形式，委托一家具备工程设计综合资质的规划设计单位承担，或由具备与工程建设内容相匹配、设计资质乙级及以上的若干家规划设计单位联合承担，其中联合体牵头单位对工程设计负总责。

（2）实施方案和村庄规划优化设计。项目SPV公司完成设计总包招采后，应组织中标设计总包单位对项目区进行详细的现场踏勘和工程复核，对已批复和备案的实施方案中建设工程的操作性、出地率的可达性、建设项目投融资方案的可行性进行全面评估，据此对原实施方案和村庄规划进行优化设计，可以在已经批准立项和立项备案的实施方案预算总投资额的 ±10% 范围内浮动，但地方政府承诺整合和投入的资金不得减少，在完成实施方案和村庄规划优化设计评审后，按程序向上级主管部门备案。

（3）项目工程设计和预算编制。项目实施方案和村庄规划优化设计经批准备案后，项目联合指挥部要按照方案确定的整治目标和整治任务，建立分区域全要素整治工程系统推进机制，以功能分区或整治分区为整治空间单元，对整治空间单元内的各类子项目统一建设标准、统一工程设计、统一预算编制，同时为保证工程设计与空间规划布局的系统对接并确保出地率，可按照子项目设计成果进一步优化项目实施方案和村庄规划。

（4）技术评审和投资评审。设计总包单位完成项目工程设计与预算编制成果后，应由市、县、区自然资源主管部门组织完成县级技术成果初审，连同整治区域拆迁安置补偿方案、项目建设资金管理方案、全域国土综合整治项目数据库及其他相关附件等资料一并报送上级领导小组办公室，上级自然资源主管部门出具全域国土综合整治项目综合评审意见，其中项目整合实施的子项目按行业主管部门规定应单独评审的，单独评审结论纳入综合评审意见。工程规划设计及预算编制成果通过上级综合评审后，市、县、区级财政部门按照有关规定，组织开展项目预算投资评审，项目预算总投资可以在优化后的实施方案预算编制的总投资额 ±10% 范围内浮动，通过技术综合评审和预算投资评审后的工程规划设计及预算编制成果即为项目施工招标的最终依据。

A0207　项目施工阶段

全域国土综合整治的项目施工阶段是包括从施工招采到项目验收批复的一系列施工工作的组合，包括但不限于如下内容：施工总包招采、标准工程试验段建设、整合子项工程实施、工程变更、子项工程验收、工程整体验收等。

（1）施工总包招采。全域国土综合整治项目的工程设计和预算编制通过技术综合评审和预算投资评审后，应在项目联合指挥部指导下，由项目SPV公司按法定程序完成施工总包的公开招采。为保障工程施工的系统性、协调性和施工质量，项目工程施工宜采取施工总包形式，委托一家具备工程施工综合资质的施工单位承担，或由具备与工程建设内容相匹配的若干家施工单位联合承担，其中联合体牵头单位对工程施工负总责。

（2）标准工程试验段建设。施工总包的招采完成后，项目SPV公司按照项目建设指挥部和相关主管部门的统筹指导，组织施工总包方、咨询总包方依据工程规划设计成果，开展标准工程试验段建设，标准工程试验段经市、县、区级全域国土综合整治领导小组审核验收后，即可确定为该项目的工程建设标准。

（3）整合子项工程实施。根据实施方案和工程设计确定的工程建设内容，市、县、区级人民政府应按承诺统筹相关涉农项目资金，将整合实施的相关子项目工程建设任务交由投资建设主体统一实施推进，并对各类子项目统一行使行政监管，在核定投资建设主体项目投资决算时核减相关子项目建设成本；项目SPV公司应在项目领导小组、项目联合指挥部及县级行业主管部门指导下，组织开展整合实施的相关子项目工程建设，确保全域国土综合整治项目的子项目工程的系统整体性和建设预期效果。

（4）工程变更。经批准的项目实施方案及工程规划设计成果不得随意变更，因实施环境和条件发生重大变化，导致项目区空间布局调整而影响控制性指标的，确需修改项目实施方案及工程规划设计成果的，应报上级领导小组办公室审批通过后组织实施，并按程序完成工程变更签证；项目区空间布局无变化，仅变更建设工程结构设计和施工工艺的，由市、县、区级领导小组办公室审批通过后组织实施。业主方、资本方、施工方等均不得借工程变更设计之名，调整控制性指标、降低工程质量和建设标准；工程变更不得影响项目建设总体目标，不降低工程的质量、进度、投资三大管理目标，不降低工程的经济、社会、生态效益。

（5）子项工程验收。县级全域国土综合整治领导小组相关成员单位应按照子项目相关行业管理规定和技术要求，在子项目完成工程施工后，及时组织开展子项目竣工验收。

（6）工程整体验收。子项目全部完成并通过验收，且永久基本农田调整方案专项验收通过，新增耕地和建设用地节余指标经市级自然资源和规划局核定，并按程序在自然资源部有关信息管理系统中备案后，项目联合指挥部提请县级人民政府组织开展项目整体验收。项目整体验收时，应对工程建设质量整体情况、实施方案和村庄规划执行情况、永久基本农田调整情况、新增耕地情况、资金管理使用情况、"三生"（生产—生活—生态）空间固化情况等作出综合评定；并按相关要求报送市级评估申请资料至市领导小组办公室，经市级评估合格后下达项目验收批复。

A0208　项目运营阶段

全域国土综合整治的项目运营阶段包括从工程整体验收到项目绩效评价的一系列运营工作的组合，包括但不限于如下内容：入库备案及国土调查数据年度更新、自然资源资产权益调整及不动产登记、后期管护和运营、项目绩效评估等。

（1）入库备案及国土调查数据年度更新。经核定后的新增耕地地类与面积、项目实施前后耕地平均质量等别、新增粮食产能等信息，均应在项目立项、验收阶段作为相应项目上图入库必填信息类型，按要求及时、准确上图入库。新增耕地调查认定的相关表格中，新增耕地的地类图斑、线状地物、零星地物等数据，均应在项目实施前后的年度变更调查中计入土地变更数据库，实现对新增耕地集中统一、全程全面、适时动态的管理。

（2）自然资源资产权益调整及不动产登记。县级整体验收并经市级评估合格后，县级自然资源和规划部门要按照"公地公属""共地协商""一户一宅"等原则，依法依规开展整治区域内各类自然资源资产、房地一体等不动产权益登记颁证工作，保障集体经济组织和相关群众合法权益，以利于全域国土综合整治项目实施后，项目区按"三权"（所有权、承包权、经营权）分置原则开展集体经济合作化改造。

（3）后期管护和运营。工程整体验收通过且项目交付业主方后，项目SPV公司应在三年内进行项目工程管护和维修，应明确管护主体、管护责任和管护义务，管护和维修资金纳入项目预算。项目交付后项目所涉村（居）民委员会宜开展集体经济合作化改造，由村社一体的集体经济合作组织或引进的产业资本开展市场化经营，保证全域国土综合整治项目的生命力。

（4）项目绩效评估。工程整体验收通过且项目交付业主方后，市级领导小组办公室根据项目实施进度，择优选取相关咨询服务单位，对工程建设的数量和质量进行评估，对空间规划落地、新增耕地数量和质量进行评估，形成市级评估报告，对评估不合格的提出明确整改要求。各级政府应建立项目绩效评价制度，评价工作采取县（市、区）自查自评、市（州）复查复核与省级重点抽查相结合的方式，绩效评价结果将作为项目动态管理、资金奖励、指标奖励、新项目申报和指标使用的重要依据。

A0300　RIM 数据架构

A0301　RIM 由来

（1）RIM 是一个基于国家乡村振兴战略提出的全新概念，RIM 意为乡村项目管理系统/乡村项目模型系统，是 Rural Information Management/Model 的简称。

（2）RIM 源于 20 世纪 70 年代兴起的 BIM（Building Information Model，即建筑信息模型），它是近几年兴起的 CIM（City Information Model，即城市信息模型）的兄弟版，反映了项目信息化系统从建筑场景到城市场景再到乡村场景的发展脉络。

A0302　RIM 系统的价值

（1）"十四五"期间，国家提倡政府及市场主体实施数字化转型，实现数字化赋能，RIM 系统建设和应用是乡村振兴产业链上政府机构、社会资本、专业咨询机构等多方未来发展的必然趋势。

（2）随着国家乡村振兴战略的推进，乡村建设项目将会日益增多，相关的政府机构、社会资本、专业咨询机构迫切需要一个专业的信息系统对大量的项目信息进行集成管理，以实现对大量建设项目的可视化管理、动态化监测及建造过程的全过程模拟。

（3）管理量大且复杂的乡村建设项目，必须借助 RIM 系统强大的数字化集成和模拟能力，提高乡村项目决策、勘察、规划、设计、施工、运营等全生命周期管理的科学技术水平。

（4）在项目立项阶段，RIM系统可以帮助业主方建立一套项目管理的信息平台，有助于业主方掌控项目推进全流程。

（5）在项目的规划设计阶段，RIM系统有助于协同参与项目规划设计的各个单位、各个专业通过三维界面优化设计，有效避免专业间的"错""漏""碰""缺"，从而提高规划设计成果质量。

（6）进入工程施工阶段，借助RIM系统的三维模型的可视化和动态化展示功能，可对工程施工中的各种地形、构筑物、工程施工程序和材料数量进行施工交底和施工过程指导。

（7）在后期运维中，基于集成数据的RIM系统，可有效提升运维管理的效率，降低运维管理成本。

A0303 RIM系统类型及应用

基于RIM系统的应用主体和功能不同，我们把RIM系统分为"RIM1.0系统"和"RIM2.0系统"两种类型。

（1）RIM1.0系统为乡村项目管理系统，对业主方全部项目的"基本情况、质量、进度、成本、安全"管理进行系统化集成。

（2）RIM2.0系统为乡村项目模型系统，对重大项目的规划方案和施工图进行方案模拟、碰撞检查、工程量统计等。

理论上讲，RIM1.0系统和RIM2.0系统存在递进关系和嵌套关系，业主方首先应基于乡村项目"行业、经营、技术"等管理流程，建设RIM1.0系统单位数字化底座，实现项目管理的数字化；在此基础上逐步开发RIM2.0系统，对于重大项目或示范项目，依据规划方案和施工图建设数字模型，并将单个项目嵌套进RIM2.0系统，对项目建造过程进行全过程模拟。

A0304 RIM1.0 数据架构

作为应用方数字化底座的 RIM1.0 系统，应实现 OA 系统和项目管理系统的融合，一般可包括但不限于机构、驾驶舱、服务管理、生产管理、资源管理、公开信息等数据模块，本节以农业农村规划设计机构的 RIM1.0 系统为例进行说明。

（1）机构。主要是单位简介，包括历史沿革、定位与目标、领导层、组织架构、业务范围及优秀案例展示等。

（2）驾驶舱。是针对单位高管开发的管理模块，按全面预算管理的要求，从总体上展示单位经营目标、项目信息、合同额、营收状况、财务支出等信息，打通对上对下管理的信息渠道。

（3）服务管理。是针对单位二线党政办、技术、营销、财务、人力等部门开发的管理模块，按部门职责分工明确具体的目标、工作内容和办事流程，打通向下布置管理要求、横向服务生产部门的信息交流渠道，并做到职责分明、流程规范、管理留痕等。

（4）生产管理。是针对单位一线生产部门开发的管理模块，按 ISO9001 质量管理体系要求，针对单位提供的产品和服务，规范生产管理流程，集成项目的进度里程碑、质量内外审、成本收支账等关键信息，向上落实生产经营目标并确保内部产品生产质量全过程受控，做到流程清晰、过程受控、管理留痕等。

（5）资源管理。集成单位实现产品和服务所需的各类资源信息，如专家智库、合作伙伴、资料和产品案例库等，其中资料和产品案例来自单位长期积累的行业资料和归档成果。

（6）公开信息。集成单位业务开展相关的项目动态、业务交流、领导考察、行业热点、人才招聘、单位荣誉等信息。

第二部分　咨询管理指南

A0305　RIM2.0 数据架构

在 RIM1.0 系统数据架构的基础上，增加一个案例展示模块，综合运用 BIM、GIS、LOT、OA 等新技术开发的 RIM2.0 系统，可用于开展全生命周期的 RIM 咨询服务。

一般来说，RIM2.0 展示模块可包括但不限于"项目信息、RIM 模型、项目管理、项目看板、现场监控、质量管理、进度管理、成本管理、安全管理、项目日志、项目新闻"等内容。

RIM2.0 系统为重大的创新型技术，一般只在极少量的国家级重大项目或示范项目中应用，牵头单位在 RIM2.0 系统开发完成后可通过后端授权，在各级行业主管部门、联合指挥部、资本方、施工方、咨询方和工地现场进行大型 LED 视频展示。

A0306　RIM 应用前景

RIM 系统目前处于理论探索和实践应用的初期阶段，随着国家振兴战略的逐步推进，大量的乡村建设项目需要管理，这将会迫使相关主管部门和从业机构认识到 RIM 系统的价值。

RIM 系统是乡村振兴项目管理的专业系统，适用对象主要包括"政府管理部门"和"涉农市场主体"两大类，其中前者主要是各级乡村振兴部门和农业农村部门，后者主要是以乡村建设项目为主业的各类资本方、施工方及咨询服务机构等。

最有可能开发 RIM 系统的业主方是乡村振兴部门、农业发展集团、乡村振兴投资公司及农业农村规划设计机构。RIM 系统的开发将会极大促进这些机构的数字化转型赋能。

B0000　顶层规划四要素

全域国土综合整治项目的顶层规划是指法定"村庄规划",它是实施方案审批立项的重要依据和相关工程施工图及预算编制的法定依据。主要决策者在决定实施全域国土综合整治后,应与全域国土综合整治实施方案同步编制"村庄规划"或对原有村庄规划进行优化。本章具体分为B0100四要素集成、B0200"人"要素、B0300"地"要素、B0400"业"要素、B0500"钱"要素等内容,分别对上述顶层规划的核心要素进行详细说明。结合全域国土综合整治项目的特点,本指南所述"四要素"参考了各地村庄规划技术规范和项目团队的实践经验。

B0100　四要素集成

B0101　乡村地域系统

乡村地域系统,是一定地域范围和一定历史发展阶段,在人、自然、经济、技术、社会、文化等多因素影响下形成的具有相似生产条件、功能特征和发展方向的乡村地域单元。

乡村地域系统,是由人、社会、资源、环境共同组成的生命共同体,它兼具生产、生活、生态、社会、文化、伦理等多元价值,是一种独特的人地关系地域系统类型。

乡村价值，乡村是人类文明的起源地和人类社会可持续发展的压舱石，在推进乡村振兴战略和全力向第二个百年奋斗目标迈进的背景下，发展模式将逐步由城市化主导向城乡融合转型，乡村重新得到重视，其价值终将进一步发挥。

B0102　人居与环境的关系

认识和探讨"自我"与"他我"的关系，是人类永恒的命题，也是推动人类文明进步、社会经济发展的不竭动力。

关于"自我"与"他我"的关系，关于"人定胜天""天人合一"孰优孰劣、孰对孰错，贯穿农业文明5000年、工业文明500年、生态文明100年。基于深厚的农业文明、传统中华文明天人合一观和马克思主义中国化实践，生态文明的伟大理想将会在当代中国的生态文明体制改革中逐步实现。

回归"人居"与"环境"这一实践命题，如何对应"自我"与"他我"的关系？我们认为"自我"即"人居"，是人及人所居住的空间形成的城乡聚落系统；"他我"即"环境"，是山水林田湖草沙冰构成的自然生态环境系统；"人居"与"环境"构成生命共同体，这就是当代中国的生态文明观的体现。

发展新阶段，落实新理念，塑造新格局。当代中国正深入推进生态文明体制改革，发展理念将逐步由"工业文明"的"人定胜天"思维，转向"生态文明"的"天人合一"思维，发展方式将逐步由"工业化"推动的"城市导向"模式，转向"生态化"推动的"城乡融合"模式，最终走向生态文明和共同富裕。

B0103　顶层规划是什么

全域国土综合整治是指对一定区域内各类型土地进行全域规划、整体设计、综合治理，强调整治对象、内容、手段、措施的综合性以及整治目标的多元化和实施模式的多样化。

全域国土综合整治着眼于乡村耕地碎片化、空间布局无序化、土地资源利用低效化、生态质量退化等具体问题，通过多个目标、多种要素、多项任务叠加，解决单一要素、单一手段难以解决的系统问题，完美体现了生态文明体制改革、山水林田湖草沙冰生命共同体系统治理的生态文明发展观。

依据自然资源部印发的《关于开展全域土地综合整治试点工作的通知》（自然资发〔2019〕194号），2021年4月自然资源部国土空间生态修复司印发的《全域土地综合整治试点实施方案编制大纲（试行）》要求，需要开展全域国土综合整治的区域，必须编制"村庄规划"，两者要实现无缝衔接、不能搞"两张皮"。由乡镇人民政府组织编制村庄规划，将整治任务、指标和布局纳入村庄规划的具体地块，并明确组织管理、实施时序、项目安排、资金估算和投资来源等。由此可见，"村庄规划"是全域国土综合整治的"顶层规划"。

2019年5月23日，中共中央、国务院发布《关于建立国土空间规划体系并监督实施的若干意见》，其中提出，"在城镇开发边界外的乡村地区，以一个或几个行政村为单元，由乡镇政府组织编制"多规合一"的实用性乡村规划，作为详细规划，报上一级政府审批"；"在城镇开发边界外的建设，按照主导用途分区，实行"详细规划+规划许可"和"约束指标+分区准入"的管制方式"。

村庄规划作为顶层规划，应按详细规划深度进行编制，它是城镇开发边界外各类建设行为许可的法定依据。

从总体上看，我国约 94% 的国土空间受到"村庄规划"的管控，约 80% 的人口与乡村有着广泛的社会经济联系。村庄规划极其重要，"村庄规划"技术成果的编制、审批、实施和督查，也是国家空间治理体系和治理能力现代化的重要一环。

然而，从"村庄规划"编制技术角度来讲，并没有国家或省级规划编制技术标准，国家和省级行业主管部门多以部门规章、指导性文件对"村庄规划"编制技术进行规范管理。

如何按照详细规划深度编制"多规合一"的实用性乡村规划，且能够指导全域国土综合整治项目实施，目前国内并没有成熟的做法可供借鉴，需要在实践中继续摸索总结。

B0104　四要素复合

笔者及所属团队总结了十余年参与乡村地区规划编制的经验，出版了专著《乡村规划的理论、实践和新探索》（湖北科学技术出版社，2021 年），并通过三年全域国土综合整治项目的深度实践，经过反复理论总结和实践探索双向校核后认为，规划的关键问题在人、地、业、钱四要素。

作为全域国土综合整治项目的顶层规划，"村庄规划"应从乡村地域系统角度出发将项目区作为乡村建设单元，从人、地、业、钱四要素内生关系出发，系统解答好人哪里去、地怎么整、业怎么创、钱如何筹四个核心命题。

人的居住形态、地的整合模式、业的类型选择、钱的筹措渠道等具有内生的因果关联，四要素在乡村地域系统中如何复合，可决定村庄规划技术设计方案如何编制，人、地、业、钱四要素复合可作为普遍适应的村庄规划编制技术模式。

B0200 "人"要素

B0201 相关的人

人具有最大的主观能动性。落实国家乡村振兴战略，谋划并实施全域国土综合整治项目，需要将项目区作为一个乡村地域系统，相关的人主要分为主体和客体两类。作为乡村主体的人主要有原乡人、返乡人、新乡人，他们才是乡村建设和发展的主体；作为乡村客体的人主要有业主方、资本方、施工方、咨询方，他们是乡村建设和发展的客体。

乡村客体详见 A0101 内容，三部分人构成了未来乡村的主体，其中原乡人是指乡村户籍人口中，主要居住和工作在本村及本地、以涉农相关行业为主要收入来源的农村人；返乡人指乡村户籍人口中，过去常年外出打工并以此为主要收入来源，目前返回户籍地从事涉农相关行业并以此为主要收入来源的农村人。新乡人指非本村户籍的外来人口，租用农村的土地、房产等从事涉农行业并以此为主要收入来源的农村创业者。

根据联合国的相关调查数据，城市人口超过 30%，城市化进入加速期，城市化进程明显加快，直到城市人口超过 70%。从发展趋势上看，未来十年中国的城市化率也将超过 70%；未来乡村需要服务原乡人、稳住返乡人、吸引新乡人，乡村有人来、有活干、有钱赚，乡村才具有持续生命力和发展活力，乡村才能真正振兴。

改革开放以来，随着家庭联产承包责任制的推行，乡村实质上进入了只有承包、没有联产的状态。最具主观能动性的人既缺乏"组织"，又不能"自组织",乡村进入一种"客体在干""主体在看"的状态,必然难以激发内生造血机能。

B0202　人怎么组织

人怎么组织,主要是回答实施全域国土综合整治项目过程中,作为"客体"的人的具体职责和组织问题。由于全域国土综合整治项目是一项复杂性的系统工程,只有实现"客体"的有效"组织",方可确保全域国土综合整治项目顺利实施。

作为"客体"的业主方,市、县、区人民政府具有强大的组织能力,在全域国土综合组织项目中居于绝对主导地位。

作为"客体"的人的具体职责和组织问题,包括但不限于 A0102、A0103、A0104、A0105、A0106、A0107、A0108 等部分内容,具体项目在实施过程中可进一步完善。

B0203　怎么组织人

怎么组织人,主要是回答实施全域国土综合整治项目过程中及项目建成后,作为"主体"的人的组织和自组织问题。只有实现"主体"的"自组织",全域国土综合整治项目建成后才可稳定运营,才具有持续的生命力并实现乡村真正振兴。

作为"主体"的原乡人、返乡人、新乡人处于一种"原子化状态"。改革开放以来,担任原乡人代言者角色的村(居)民委员会的组织能力逐步丧失,是乡村衰败的根本原因。

作为"主体"的人的代理人,村(居)民委员会的职责包括但不限于 A0102 内容;"自组织"问题包括但不限于 B0305、B0404 内容,具体项目在实施过程中可进一步完善。

在完成全域国土综合整治之后，在村党组织和村民自治组织的领导下，实施集体经济合作化改造，组建集体经济资金、土地、产业三类合作社，才有可能实现乡村"主体"的"自组织"，建立自身造血机制，打牢乡村振兴的制度基础。

B0204 "人"哪里去

村庄规划作为顶层规划，关于人的问题主要是回答人的"居住"空间问题，并在规划布局方案中落实到具体地块。

在规划研究中，要考虑项目区的综合发展条件、产业发展类型、土地经营模式等因素，来解答人哪里去的问题。在规划方案中，"人哪里去"的问题可以具象为新社区、改扩建村湾、保留型美丽村湾三种乡村居住类型及其空间布局。

村庄规划方案编制，应为作为主体的原乡人、返乡人、新乡人预留居住空间和发展空间，并落实到地块。

在一户一宅、三权分置改革背景下，原乡人和返乡人的居住空间可以得到有效保障，"二三宅"（指农村户籍居民在国家"一户一宅"政策之外，违规占用土地建筑第二套、第三套住宅）需要依法依规退出，这部分存量土地需要盘活利用并放大其价值；新乡人的居住空间、返乡人和新乡人发展所需的产业空间需要得到有效响应。

村庄规划方案制定过程中，需要对返乡人和新乡人的新产业、新业态、新服务需求进行深入研究，在集体土地入市和点状供地方面制定具体的落地方案。

B0300 "地"要素

B0301 基本国情

实施乡村振兴战略，开展全域国土综合整治试点，需要遵循经济社会发展规律和国家政策要求，在规划时要注意：一是生产力和生产关系的再平衡；二是有限的耕地资源；三是最严格的耕地保护制度和最严格的节约用地制度。

改革开放以来，农业农村领域生产力和生产关系逐步失衡，随着家庭联产承包责任制的推行，耕地产权破碎和实物破碎（指由于地形地貌原因和承包经营权分配不合理，农户承包经营的耕地田块面积小且空间上处于条田状插花分布状态），已难以适应生产力水平的快速提高；同时工业化和城镇化给第二、第三产业带来比较收益优势，使农村土地、劳动力、资本等生产要素流失，加剧了乡村衰败及生产力与生产关系的失衡，全域国土综合整治项目建设使得土地资源的整合具备条件，整合后的土地资源方可对接外部资源，并为两大关系再平衡奠定基础。

全世界农业发展有三种典型模式，即东亚模式、莱茵模式和新大陆模式。由于文明、国家、产业竞争的需要，莱茵模式对我们形成"生态壁垒"，新大陆模式对我们形成"规模壁垒"，这决定了我们必须走中国特色的农业发展道路，即在5000年深厚的农业文明积淀基础上，依据有限的耕地资源，实施一二三产业融合发展，发展以种田大户、家庭农场、合作社为主的适度规模经营，方可保证农业生产经营效益，并对抗住国际竞争。

为把饭碗端在中国人自己手上，应对工业化、城镇化对农业发展的冲击，我们必须实施最严格的耕地保护制度和最严格的节约用地制度，划定城镇开发边界，防止无序征地致使耕地资源流失；确保18亿亩基本农田保护目标，划定永久基本农田保护红线并以《基本农田保护红线条例》立法形式予以保护；实施大棚房、耕地非农化和非粮化专项整治，对违法行为严厉打击，对农业产业结构调整和农用地用途转换实施严格管控。

在实施全域国土综合整治项目、编制顶层的村庄规划时，我们应落实生态文明体制改革，坚持生命共同体理念，按照产业导入精准、土地利用精细、生态工程精美原则，开展村庄规划方案编制，建设一个生态空间山清水秀、生产空间高效集约、生活空间舒适宜居的美丽新乡村。

B0302　农村集体资产

新时代国土空间规划，既是自然资源资产权益的规划，又是国土空间用途管制的规划，在实施全域国土综合整治项目、编制顶层的村庄规划时，我们必须明晰农村集体经济组织的三类资产，为实施"三变"（资源变资产、资金变股金、村民变股民）改革做好准备。

2016年12月26日，中共中央、国务院发布《关于稳步推进农村集体产权制度改革的意见》（中发〔2016〕37号）指出，农村集体资产包括三类：①农民集体所有的土地、森林、山岭、草原、荒地、滩涂等资源性资产；②用于经营的房屋、建筑物、机器设备、工具器具、农业基础设施、集体投资兴办的企业及其所持有的其他经济组织的资产份额、无形资产等经营性资产；③用于公共服务的教育、科技、文化、卫生、体育等方面的非经营性资产。这三类资产是农村集体经济组织成员的家底，是可以通过规划方案编制和"三变"改革实现价值变现的。

在规划方案编制的基础分析中，依据"三调"（第三次全国土地调查）底图底数，通过核实农村集体经济组织现状三类资产数量，可以对反映国家意志的"永久基本农田保护红线""生态保护红线"做到了然于胸，对可以基层创新的其他三类资产做到图数分明，为科学编制顶层村庄规划做好准备工作。

B0303　三项地票是什么

分析农村集体资产现状，应核实农村集体经济组织"集体经营性建设用地指标、城乡建设用地增减挂钩结余指标、补充耕地指标"等三项地票数据，三项地票数据和交易变现是实施全域国土综合整治项目可行性分析的基础。

集体经营性建设用地指标，是指具有生产经营性质的农村建设用地指标，包括农村集体经济组织使用、兴办企业或者与其他单位、个人以土地使用权入股、联营等形式共同举办企业、商业所使用的经"三调"核定的农村集体建设用地。

城乡建设用地增减挂钩结余指标，是指依据国土空间规划，将若干拆旧和建新地块组成项目区，通过建新拆旧和土地整理复垦等措施，在保证项目区内各类土地面积平衡的基础上，最终实现建设用地总量不增加、耕地面积不减少、质量不降低、城乡用地布局更合理的目标。其中农村建设用地地块（或城镇建设地块）数值为城乡建设用地增减挂钩指标，拆旧地块与建新地块的差值为城乡建设用地增减挂钩结余指标。

补充耕地指标，是指通过全域国土综合整治项目建设产生的新增耕地，经验收合格，取得自然资源部门土地整治监测监管信息系统项目备案号，并纳入省级占补平衡指标储备库，用于非农建设占用耕地的补充耕地指标。

通过规划编制及实施全域国土综合整治项目，上述三项地票的策划、规划、设计、生产、交易、落地等过程，可以实现城乡融合发展、盘活乡村沉睡资源资产，并实现乡村资产价值变现，同步解决城镇用地指标短缺、乡村资源型资产实物和产权破碎、空心村复垦、废弃工矿复垦或再开发、农田水利设施建设、乡村二三产业发展和资源资产整合开发等一系列问题。

B0304 "地"怎么整

未来农村将逐步由小农经济向商品经济转型，土地将由分散经营向适度规模经营转型，经营主体主要有种田大户、家庭农场、农民合作社等，以及少量农业龙头企业。

我国的基本国情决定，除大规模的国有农场外，不大可能出现经营数千公顷的大规模农场主，种田大户、家庭农场将会成为我国农业生产经营的基本主体，以及一定数量的家庭农场联合或集体经济组织组建的区域性行业协会性质的农业专业合作社，农业龙头企业只可能在局部特殊的条件下存在。

土地经营模式的基本类型有适度规模经营和精细耕作经营两种基本类型，其中适度规模经营的经营主体主要有农业龙头企业、农业专业合作社两种；精细耕作经营的经营主体主要有种田大户、家庭农场两种；也可能出现种田大户、家庭农场经营适度规模经营土地的情形。

在规划研究中，综合考虑项目区的地形地貌、产业发展类型、土地经营模式等因素，来解答人、地怎么整的问题。在规划方案中，"地"怎么整的问题可以具象为"拆旧复垦、高标准农田建设、低效林地、废弃坑塘"等多种具体的土地整理工程。

村庄规划方案编制，应对土地经营模式选择和土地整理工程安排进行统筹考虑，保证规划方案的科学性。

B0305　土地经营合作社

全域国土综合整治项目实施后，土地适度规模经营具备了物质基础，相关村（居）民委员会应组建土地经营合作社。

土地经营合作社有两种建立途径：一是自上而下型，在上级党委政府指导下，村党组织和村民自治组织有组织有计划地组建后经营；二是自下而上型，在乡村市场经济发展过程中，由种田大户、家庭农场经营者自发组建土地经营合作社。

自上而下组建的土地经营合作社，应按照中共中央、国务院《关于稳步推进农村集体产权制度改革的意见》要求，通过清产核资、清人分类、折股量化、组建机构、建立制度等阶段规范化组建、专业化运营，这种方式应是主流。

自下而上组建的土地经营合作社，应按照《中华人民共和国农民专业合作社法》（以下简称《农民农业合作社法》）的要求实施公司化运作，应创造条件逐步实现自上而下与自下而上组建合作社相结合，实现土地大整合。

B0400　"业"要素

B0401　产业是基础

党的十九大报告提出"实施乡村振兴战略"，并提出了"产业兴旺、生态宜居、乡风文明、治理有效、生活富裕"二十字总目标。习近平总书记为乡村振兴战略指明五个具体路径：推动乡村产业振兴、乡村生态振兴、乡村文化振兴、乡村人才振兴、乡村组织振兴，其中产业振兴是"基础",生态振兴是"根本",文化振兴是"灵魂",人才振兴是"关键",组织振兴是"保障",乡村振兴必须把握上述总原则。

全域国土综合整治项目实施后,为项目区的产业转型、产业导入、产业运营等创造了条件,为乡村建立自身造血机制创造了条件,为夯实乡村振兴的产业基础创造了条件。

B0402 乡村产业的类型

乡村产业按投入劳动力的多少主要分为规模农业和精细农业两种类型,其中规模农业典型特点为劳动力投入少、耕作半径大、可大规模机械化地进行粮油种植,精细农业典型特点为劳动力投入多、耕作半径小、不能大规模机械化地进行果蔬种植。

乡村产业按业态主要分为"一产、二产、三产"等三种类型,其中一产主要是各类粮油、果蔬、水产、畜禽等种植业养殖业,二产主要是依托种植业养殖业发展的初级或深加工产业,三产主要是服务于农业生产仓储、物流及农文旅等服务业。

在当前经济技术条件下,几种典型的农业经营模式具有特定的"耕作范围、耕作半径、劳均面积、通勤时间"等规划参数,如农业龙头企业、规模化粮油种植合作社面积通常达到30000~50000亩,以水稻油菜种植为主的经营主体户均200~500亩,耕作半径可达5000米且有条件实现职住分离,耕作居住距离较远;精细化经济作物种植合作社面积通常在1000~2000亩,以果蔬种植为主的经营主体户均30~50亩,耕作半径在1000米以内且多为职住一体,适合就近耕作居住。

B0403 "业"怎么创

基于我国有限的耕地资源,乡村发展必须走适度规模经营、实施三产融合的道路，实现全域国土综合整治项目建成后产业导入精准和土地利用精细。

全域国土综合整治项目实施后，乡村产业发展将由小农经济向商品经济转型，可发展现代农业、农业科创园、返乡创业园、乡村旅游、田园综合体等产业模式，有一产主导、一二产融合、一三产融合、一二三产融合等典型形式。

一产主导模式。全域国土综合整治项目建成后作为大规模种养殖生产基地，由大型农业龙头企业和专业生产合作社联合经营，产业链侧向配套在内，产业链中后端在外。

一二产融合模式。在一产主导模式基础上建设深加工基地，产业链侧向配套和中端在内，产业链后端在外。

一三产融合模式。全域国土综合整治项目建成作为乡村旅游基地，大城市周边的"赏花、采摘、民宿、亲子拓展"等是典型的一三产融合模式，强调乡村产业、建筑、景观等元素的小而精、小而美、小而特，产业链前后段及侧向配套在内。

一二三产融合模式，是在一三产融合模式基础上配套体验性加工业，田园综合体是一种典型的一二三产融合模式，产业链前中后段及侧向配套在内，实现经济价值最大化。

B0404　产业发展合作社

全域国土综合整治项目实施后土地适度规模经营具备了物质基础，相关村（居）民委员会应组建产业发展合作社，产业发展合作社和土地经营合作社互为表里，应同步组建。

产业发展合作社有两种建立途径：一是自上而下型，在上级党委政府指导下，村党组织和村民自治组织有组织有计划地组建后经营；二是自下而上型，在乡村市场经济发展过程中，由种田大户、家庭农场经营者自发组建的产业发展合作社。

自下而上组建的产业发展合作社，应按照《农民专业合作社法》的要求实施公司化运作，应创造条件逐步实现自上而下、自下而上组建合作社相结合，实现产业大融合。

产业发展合作社是主体自组织的载体，土地经营合作社是主体自组织的空间，两者共同构成农村集体经济合作组织的内核，保证了内生造血机制和项目生命力。

B0405　产业运营

产业运营回答的是主体如何运作产业发展合作社和土地经营合作社的问题，基本原则是实行市场化运作，按照主体的类型可分为社内经营、社外经营、合作经营三种模式。

社内经营模式，是指全域国土综合整治项目建成后，作为全体户籍村（居）民代言人的村（居）民集体经济合作组织，按市场化模式独立运行土地经营合作社和产业发展合作社，全体户籍村（居）民按集体经济合作组织章程约定，享受土地承包权流转保底收益、务工劳务报酬、产业经营分红收益等。

社外经营模式，是指全域国土综合整治项目建成后，外乡人或产业资本按市场化模式独立运行土地经营合作社和产业发展合作社，全体户籍村（居）民按集体经济合作组织章程约定，享受土地承包权流转保底收益和务工劳务报酬等，外乡人或产业资本获得土地和产业经营的投资收益。

合作经营模式，是社内经营和社外经营联合模式，是指全域国土综合整治项目建成后，由村（居）民集体经济合作组织、外乡人或产业资本按市场化原则组建合作经营组织，并按照合作经营章程约定分享相关经营收益。

合作社建立和产业运营的成败，决定着全域国土综合整治项目建成交付后，是否具有持续生命力。

B0500 "钱"要素

B0501 资金需求

根据湖北省2020—2021年试点项目申报方案统计，平均每个行政村建设投资多在0.6亿~1.0亿元人民币，可见全域国土综合整治项目资金需求量极大，远超一般涉农项目。

按照湖北省政府批转省自然资源厅《关于推进全域国土综合整治的意见》（鄂政发〔2019〕25号）文件精神：鼓励政策性、开发性金融机构挖掘项目内在收益，为项目实施提供长期信贷支持；鼓励社会资本参与，对社会资本投资国土综合整治达到一定规模的，在依法办理相关用地手续的前提下，允许利用不超过3%的整治面积从事旅游、康养、体育、设施农业等产业开发。由此可见，政策鼓励金融资本和产业资本参与全域国土综合整治项目，试点项目的建设资金主要来自市场化融资。

除社会资本外，全域国土综合整治项目需要整合相关部分的政策性项目和资金，并确保其合法合规进入项目，且资金下得来、用得出去、经得住审计。

B0502 筹资渠道

全域国土综合整治项目资金按来源渠道，主要分为政策性资金、社外市场化融资、社内合作性融资、社内社外合作性融资四种类型，不同项目筹资渠道不同。

（1）政策性资金是指各级政府部门涉及乡村振兴的政策性项目及其配套资金，如典型的自然资源部门的耕地占补平衡、财政部门的美丽乡村示范片、农业农村部门的高标准农田建设和农村人居环境整治、交通部门的农村"四好"（建好、管好、护好、运营好）公路等项目资金。

（2）社外市场化融资是接受全域国土综合整治项目业主方委托的资本方，在筹建项目SPV公司并完成资本金注入后（详见A0107、A0108内容），按照市场化方式获得项目融资。社外市场化融资属于外置金融，属于城市公民社会的金融投资，在没有通过全域国土综合整治项目建设、乡村三类资源资产得到整合和缺乏产业资本时，不接受或低接受三类资源资产抵押融资，具有门槛高、信用高、帮富不帮贫等特性。

（3）社内合作性融资是村（居）民委员会通过组建资金互助合作社，筹集的用于集体经济合作组织发展所需的项目建设资金（详见B0404、B0405内容）。社内合作性融资属于内置金融，属于乡村熟人社会的资金帮扶，基于熟人社会的信任，接受乡村三类资源资产抵押融资，具有门槛低、信用高、扶危救困等特性。

（4）社内、社外合作性融资分别属于外置金融和内置金融融合，是资本方（详见A0107内容）和集体经济合作组织在全域国土综合整治项目建设及运营期的合作经营。

B0503 "钱"如何筹

全域国土综合整治项目在顶层村庄规划和实施方案编制过程中，需要对通过筑台融资、立项增资、招商引资筹集的资金量进行统筹安排，预估项目投融资方案的可行性。

（1）筑台融资即社外市场化融资，属于外置金融，详见B0502、C0202内容，是资金筹措的第一来源。

（2）立项增资即政策性资金，属于整合涉农项目和资金，详见B0502、

C0203 内容，是资金筹措的第二来源。

（3）招商引资即政策性资金，属于外乡人和产业资本投资资金，详见 B0502、C0204 内容，是资金筹措的第三来源。

建设资金筹措是项目建设的基础。

B0504　资金盘活

全域国土综合整治项目的建设，为项目区的村（居）民委员会按"三变"改革精神实施农村集体经济产权制度改革创造了条件。

资金盘活的逻辑次序如下：①三类资源资产清查核算（详见 B0303、C0103 内容）；②内/外置金融的组建或引入（详见 A0105、A0107、A0108、B0305、B0404、B0502 内容）；③实施全域国土综合整治项目（详见 C0000 内容）；④全域国土综合整治项目建成后的运营（详见 B0405 内容）；⑤社内经营、社外经营或双方合作经营产品供给需求侧获得经营收益。

五个环节组成闭环，通过全域国土综合整治项目建设，整合乡村三类资源资产，同步实施农村产权制度改革并实现"三变"改革，为社内经营和社外经营创造条件，可打通资源资产变现通道，构建乡村发展内生造血机制，实现乡村振兴的市场化运作，真正实现乡村振兴和共同富裕。

C0000　全程运作八字诀

全域国土综合整治项目的全程运作指按建设项目全生命周期管理的要求，在项目的决策、设计、施工、运营等四个阶段进行的系统谋划，具体涵盖项目运作和管理的策、融、投、规、设、建、管、运等八个关键环节。本章具体分为C0100"策"——方案策划、C0200"融"——资金筹措、C0300"投"——投资主体、C0400"规"——顶层规划、C0500"设"——工程设计、C0600"建"——施工组织、C0700"管"——项目管理、C0800"运"——后期运营等内容，对上述全程运作的工作内容进行详细说明。本指南所述的"八字诀"参考了工程咨询和建设工程项目管理的一般方法，同时结合了项目团队参与全域国土综合整治项目的理论探索和实践经验。

C0100　"策"——方案策划

C0101　分析开发条件

通过分析区位交通基础、土地资源基础、农业影响因素、经济发展基础、泛旅游业资源、乡村基础设施等基础条件，对项目区实施全域国土综合整治的条件作出系统总结。

（1）区位交通基础方面，应分析项目区的地理区位、所处经济圈、比邻的客源市场等"大区位"条件，判断是否具有区位、资源禀赋、市场基础等优势；分析项目区的铁路、公路、民航等"大交通"条件，判断是否具备商贸物流条件及旅游可进入性；分析项目区内部路网、道路硬化情况等"小交通"条件，判断是否具备优越的内部交通条件，是否需要升级改造等。

（2）土地资源基础方面，应分析项目区各类用地规模及其开发可能性，分析工商业、仓储物流、设施农用地、旅游等经营性土地资产，用地是否能够得到保障；分析医疗、文体、教育、养老、殡葬等公益性土地资源，用地是否有需求且得到保障；分析耕地、园地、林地、牧草地及其他农用地等资源型土地资产，农业是否能够向规模化、现代化、产业融合化方向发展；分析农民闲置宅基地、存量废弃用地、四荒地（指荒山、荒沟、荒丘、荒滩等未被利用的土地）等潜在沉睡的资源资产，是否能够通过实施全域国土综合整治项目得以盘活。

（3）农业影响因素方面，分析项目区的气候、水源、地形、土壤、热量、光照、温差等自然条件，是否满足当地现有农业发展，是否需要调整，是否有新增产业类型；分析市场需求、交通、国家政策、农业生产技术、工业基础、劳动力、地价水平等社会经济条件，是否有利于地方农业产业结构升级。

（4）经济发展基础方面，分析项目区现有核心产业及其他产业发展状况和产业结构等产业基础条件，是否具有产业链优化、延伸潜力及产业融合基础；分析商品、劳务、资本、信息、人才等资源状况，是否具备推动经济提质升级的发展活力；分析村民、乡贤、村集体、合作社、开发商、地方及上级政府等参与主体的发展诉求，是否能够充分调动各参与者的主观能动性。

（5）泛旅游业资源方面，分析项目区的地质地貌、生态环境、建筑风貌、文化脉络、非物质文化遗产等，是否具备地域性、独特性、传承性等可挖掘和演绎的价值；分析项目区的入口、接待中心、停车场、酒店、公共厕所等旅游接待基础设施，是否充沛、卫生、安全，是否满足一定接待档次的要求。

（6）乡村基础设施方面，分析项目区的农田水利、生产用电、田间道路、农机保障、防护林等农业生产基础设施，能否满足发展需求，是否需要加大投入；分析饮水安全、文化体育、卫生医疗、通村道路、农村电力等农村生活基础设施，是否配置齐备，是否能够满足村民适度舒适的生活。

C0102　评估开发价值

可从是否具备有利的区位交通条件、是否具备优良生态及村落风貌、是否具备特色产业及发展优势、是否具备闲置土地及房屋资源等四个方面，综合评估项目区的开发价值。

（1）有利的区位交通条件评估。不论是农业产业规模化还是三产融合发展，都需要项目区具有优良的区位和交通条件，区位条件优越不仅有利于农副产品的流通贸易，还有利于乡村二三产业的开拓发展，这是项目区开发价值评估的基础。

（2）优良生态及村落风貌评估。生态环境优良、乡土风味浓郁、建筑风貌独特的乡村是可以充分挖掘的资源，可实现绿水青山向金山银山的转化，这是项目区开发价值评估的重点。

（3）特色产业及发展优势评估。乡村项目成功的关键在于创造持续经济效益，因而具备特色产业、优良资源的乡村，更容易通过新业态植入、产业链整合和产业结构升级，形成具有区域特色及市场竞争力的产业集群，这是项目区开发价值评估的关键。

（4）闲置土地及房屋资源评估。通常空心村或废弃建设用地更容易进行资源资产流转，为发展乡村二三产业、培育乡村造血机制提供空间，这是项目区开发价值评估的核心。

C0103　核实三项地票

按照湖北省自然资源厅《关于推进全域国土综合整治的意见》(鄂政发〔2019〕25号)文件精神,全域国土综合整治项目要充分释放"两项指标"政策红利,允许通过整治节余的建设用地指标和补充耕地指标,在全省范围内优先调剂使用。

在全域国土综合整治项目前期策划中,指标交易变现是社会资本回款的主渠道,应将核实集体经营性建设用地指标、城乡建设用地增减挂钩结余指标、补充耕地指标(详见B0302、B0303内容)作为评估项目开发可行性的核心工作之一。

三项地票指标的核实应以"三调"和法定的村庄规划为依据,具体核算方法如下:

集体经营性建设用地指标=乡村"三调"底图底数中现状集体经营性建设用地指标+法定的村庄规划中农用地和建设用地转为经营性建设用地指标-城乡建设用地增减挂钩指标。

城乡建设用地增减挂钩结余指标=乡村"三调"底图底数中拟整理复垦为耕地的农村建设用地地块(拆旧地块)面积-拟用于项目区以外的城镇建设地块(建新地块)面积。

补充耕地指标=乡村"三调"底图底数中拟开垦为耕地的面积(主要为废弃建设用地、四荒地、废弃坑塘、低效林地等)-法定的村庄规划中各项建设项目占有耕地指标面积。

集体经营性建设用地指标是国土综合整治项目实施后,为发展乡村二三产业、培育乡村造血机制预留的空间;城乡建设用地增减挂钩结余指标和补充耕地指标主要用于全省范围内优先调剂使用,所得收益主要用于平衡项目建设投入。

按照湖北省自然资源厅《关于推进全域国土综合整治的意见》(鄂政

发〔2019〕25号）文件要求，项目区实施全域国土综合整治后，耕地面积至少在现状基础上增加5%。

C0104 挖掘项目特点

在分析项目区开发条件、评估开发价值、核实三项地票的基础上，应归纳全域国土综合整治需要解决的主要问题，提炼全域国土综合整治项目的主要特色，并进一步明确全域国土综合整治项目的开发目标，确保项目在竞争性评审中胜出。

一般来说，全域国土综合整治需要解决的主要问题包括但不限于农村空心化、耕地碎片化、水利设施老化、基础设施短板、公共设施缺乏配套、小流域治理、农业面源污染治理、矿山生态环境修复、废弃建设用地再开发、耕地非农化和非粮化整改、大棚房问题整改、农业产业化发展、乡村民宿及文旅等新产业开发等问题，申报项目需要解决的具体问题各不相同。

在归纳全域国土综合整治需要解决的主要问题基础上，应结合国家政策导向、地方施政方略、项目区综合条件等因素提炼项目特色，作为项目实施方案和顶层村庄规划编制的技术脉络。以汉川市新堰镇全域国土综合整治项目策划为例，把项目特色提炼为"三个结合"，即全域整治与乡村振兴三项行动相结合，全域整治与耕地非粮/农化整改相结合，全域整治与集体经济合作化改造相结合。其中乡村振兴三项行动指打造功能镇区、建设和美乡村、培育实力产业，是孝感市"1号文"确定的政治任务，提炼使得项目方案兼具政策性和特色性。

基于上述工作可针对性地提出全域国土综合整治项目的定位与目标，根据项目特点和试点内容的不同，可把项目定位为现代农业示范区、三产融合样板区、三变改革试验区等，进而在编制顶层村庄规划和实施方案中，从"人"哪里去、"地"怎么整、"业"怎么创、"钱"如何筹四个维度进行具体安排（详见 B0204、B0304、B0305、B0403、B0404、B0405、C0200 内容）。

C0105 策划重大项目

全域国土综合整治项目服务于乡村振兴，因此项目策划阶段应调研收集项目区涉农重大建设项目信息，主要来源于市、县、区各相关部门各类财政性涉农项目和资金、乡镇建设项目和各村建设项目等，收集各方已立项、处于策划阶段的和因发展所需的建设项目。

市、县、区各相关部门各类财政性涉农项目和资金，包括但不限于如下项目：财政部门的美丽乡村示范片项目、自然资源部门的补充耕地和占补平衡项目、水利部门的农田水利项目、交通部门的"四好"农村公路项目、住建部门的危房改造和厕所革命项目、民政部门的农村公墓项目以及农业农村部门的产业强镇、高标准农田和农村人居环境整治项目等。

乡镇建设项目和各村建设项目主要是需要通过自筹资金、发展急需但难以纳入各级政府部门财政性涉农资金项目的，包括但不限于如下：村（居）委会综合服务中心、中心小学或幼儿园新建改造、福利院或托老中心的新建或改造、文体设施的新建、农村公路及其附属的绿化和路灯等、中心社区的新建、游客接待中心、返乡创业园、现代农业示范基地等。

在充分掌握项目信息和诉求的基础上，通过与项目决策的相关方充分沟通，确定纳入全域国土综合整治立项申报的重大建设项目一览表，并按全域国土综合整治实施方案编制要求，将各类建设项目按农用地综合整治、建设用地综合整治、生态保护修复和环境整治三大类进行分类汇总。

C0106　估算投资规模

投资估算的主要依据包括但不限于如下：《建设工程工程量清单计价规范》（GB50500—2013）、《土地开发整理项目预算定额标准》（财综〔2011〕128号）、《水利工程设计概（估）算编制规定》（水总〔2014〕429号）、《湖北省市政工程消耗量定额及全费用基价表》和《湖北省城市园林绿化养护消耗量定额及全费用基价表》（湖北省建设工程标准定额管理总站编，2018年）等。

（1）项目建设工程费用：汇总单项工程的工程量、估算单价，获得单项工程的投资估算；在单项工程投资估算基础上，分类汇总获得农用地综合整治、建设用地综合整治、生态保护修复和环境整治三大类工程投资，得到项目建设工程费用。

（2）项目建设其他费用：参考各类工程咨询收费标准，分别估算全域国土综合整治项目建设的实施方案编制（可行性研究）、工程勘察设计、工程招标、工程监理、工程造价、竣工图编制、项目管理等费用，汇总获得项目建设其他费用。

（3）项目建设不可预见费：在项目建设工程费用、项目建设其他费用估算的总和基础上，按不大于两项费用总和的3%预留全域国土综合整治项目建设的不可预见费。

（4）项目建设总投资：汇总全域国土综合整治项目建设工程费用、项目建设其他费用、项目建设不可预见费等三类费用，得到全域国土综合整治项目建设的估算总投资。

按照湖北省自然资源厅《关于推进全域国土综合整治的意见》（鄂政发〔2019〕25号）文件要求，各级政府要按照渠道不乱、用途不变、统筹安排、各计其功的原则，统筹各类项目和资金，发挥资金聚合效益。

C0107 估算地票收益

全域国土综合整治项目资金平衡的主要来源是地票交易收益。按照湖北省自然资源厅《关于推进全域国土综合整治的意见》（鄂政发〔2019〕25号）文件要求，要充分释放整治节余的建设用地指标、补充耕地指标两项指标交易政策红利，所得收益用于脱贫攻坚、国土综合整治、乡村振兴等。

全域国土综合整治策划阶段，要重点核实集体经营性建设用地指标、城乡建设用地增减挂钩结余指标、补充耕地指标等三项地票指标（详见C0103内容），其中城乡建设用地增减挂钩结余指标、补充耕地指标作为核算地票收益的主要来源，集体经营性建设用地指标作为运营阶段自用。

地票交易价格对全域国土综合整治的项目资金平衡有重大影响，一般来说在湖北省级平台交易的城乡建设用地增减挂钩结余指标、补充耕地（水田）低价为30万元/亩（18万元/亩），"三区三州"[①]深度贫困地区的跨省交易价格高于省级交易价格，地级市内部的指标交易价格低于省级平台的交易价格。

通过汇总上述两项地票数量、地票交易价格获得全域国土综合整治项目的地票收益估值。

C0108 可行性评估

按照一般经验，全域国土综合整治项目的地票收益估值要大于估算总投资，项目才具有初步可行性。

---

① "三区"指西藏自治区和青海、四川、甘肃、云南四省藏区及南疆的和田地区、阿克苏地区、喀什地区、克孜勒苏柯尔克孜自治州四地区；"三州"指四川凉山州、云南怒江州、甘肃临夏州。

在满足初步可行性基础上，还需通过包装政府部门财政性涉农项目资金（详见C0203内容）、通过预留的集体经营性建设用地指标开展招商引资（详见C0204内容），进一步拓展项目建设资金渠道，方可保证项目策划成功。

C0200 "融"——资金筹措

C0201 构筑项目筹资体系

全域国土综合整治项目策划的"投融资"平衡是项目可行性研究最核心的内容，构筑筹资体系以及资金筹措是否到位，将会影响到全域国土综合整治项目的成败，并直接影响到政府方、资本方、施工方、咨询方等相关方的切身利益。

一般来说，全域国土综合整治项目的筹资渠道简称"三资一促"，包括但不限于筑台融资、立项增资、招商引资等三大融资渠道（详见C0202、C0203、C0204内容），最终促成全域国土综合整治项目如期建设并实现乡村振兴发展。

全域国土综合整治项目前期策划时，应综合考虑控股资本方的选择（详见A0105、A0108内容）、地票的量价及可变现性（详见C0107内容）、政府政策性项目和资金包装（详见C0105内容）、适合产业资本投资的项目包装等因素，合理预估三大融资渠道的资金规模及其可行性。

C0202 "筑台融资"怎么做

"筑台融资"主要是引进社会资本组建项目平台公司（详见A0105、

第二部分　咨询管理指南

A0108内容），由资本方完成业主方全域国土综合整治项目的融资及项目竣工验收的指标入库后交易变现，实现全域国土综合整治项目的"资金封闭"。

要实现"筑台融资"，资本方的工作包括但不限于：完成项目融资、组织咨询总包招采及咨询服务（详见A0108、A0206、C0500内容）、组织施工总包招采及施工服务（详见A0108、A0207、C0600内容）、完成对政府方决算及还本付息等。

完成项目融资：资本方完成项目平台公司组建和资本金注资后，应依据全域国土综合整治实施方案和村庄规划设计优化方案，按政策性金融机构要求编制项目可行性研究报告，在金融机构完成内部融资决策程序，且资本方完成内部投资决策程序后，双方签署正式融资协议文件，由金融机构按协议约定的时间和额度，向资本方提供项目建设资金。

完成对政府方决算及还本付息：业主方在组织项目竣工验收、指标备案入库后，方可在各级交易平台完成地票交易变现，所得收益纳入业主方资金专项账户。按业主方和资本方签署的投资协议，由资本方组建的项目平台公司对业主方完成全域国土综合整治项目投资决算程序，由项目平台公司完成对金融机构的融资还本付息，完成对施工方、咨询方的服务决算程序，完成对参股方的利润分配。至此，全域国土综合整治项目的"资金封闭"完成，项目平台公司完成历史使命。

一般来说地票整体处于供过于求状态，全域国土综合整治的地票交易变现难度较大，资本方应在地票交易变现中具有独特能力，方可成为业主方优选。

C0203　"立项增资"怎么做

"立项增资"主要是包装各级政府部门的财政性涉农项目和资金（详

见 B0500、C0105 内容），包括已立项、待立项的涉农项目和资金。按照湖北省自然资源厅《关于推进全域国土综合整治的意见》（鄂政发〔2019〕25 号）文件要求，各级政府要按照渠道不乱、用途不变、统筹安排、各计其功的原则，统筹各类项目和资金，发挥资金聚合效益。

全域国土综合整治项目资金筹措时，应在项目领导小组统筹安排下，明确纳入项目包装的已立项财政性涉农项目和资金，并由相关主管部门出具承诺函，作为项目立项附件。

全域国土综合整治项目资金筹措时，应在项目领导小组统筹安排下，明确纳入项目包装的待立项财政性涉农项目和资金，并由相关主管部门出具支持函，作为项目立项附件。

一般来说"立项增资"的项目向上获得和向下分配具有竞争性，项目领导小组应责成相关行业主管部门向全域国土综合整治项目区倾斜，并确保项目和资金纳入全域国土综合整治项目统筹，服从项目指挥部和平台公司集中安排。

C0204 "招商引资"怎么做

"招商引资"主要是包装适合产业资本投资的建设项目（详见 C0102、C0103、C0105 内容），同时应把握以集体经济合作组织自身运营为主原则（详见 B0304、B0305、B0403、B0404、B0405 内容），全域国土综合整治项目未来的生命力在于集体经济合作组织运营的成功，"招商引资"起辅助作用。

"招商引资"工作要特别重视与全域国土综合整治项目的以下四项工作进行协调：①产业和项目的策划（详见 B0403、C0105 内容）；②纳入村庄规划，并保证项目用地具体到地块（详见 C0400 内容）；③与全域国土综合整治三大类项目相协调；④与集体经济合作组织的资金、土地、产业三大合作社相结合。

通过"筑台融资""立项增资"两大资金筹措渠道，应解决项目建设总投资的 90% 以上资金，在完成政府重资产投资后，为产业资本轻资产经营创造条件，在乡村振兴的客体完成全域国土综合整治项目建成交付后，使乡村振兴的主体（即原乡人、返乡人、新乡人）投资可以持续盈利。

一般来说，"招商引资"的主要目标是新乡人带来的产业和资金，但它具有资本天然的逐利性，因此"招商引资"应限定在符合政府产业发展导向和项目区产业发展定位与布局，且开发建设行为处于可控和利益边界界定清晰的前提下。

C0205 "三资一促"可行性分析

在项目决策阶段，在方案策划和资金筹措分析基础上，业主方应按国家、湖北省行业主管部门要求编制全域国土综合整治实施方案。项目获得省级主管部门立项审批，业主方完成社会资本招采后，应由资本方对全域国土综合整治实施方案进行可行性评估，这是资本方投资决策程序的关键环节。

全域国土综合整治实施方案可行性评估，其核心工作是按以资定整原则，对涉及项目建设总投资的回款渠道，即"三资一促"进行可靠性分析。该项工作包括但不限于如下：①核实地票数量和价格，并预估回款总额；②理清业主方和资本方自身地票交易变现的途径和能力；③核实立项增资的承诺函、支持函要件是否到位，大致明确政策性项目和资金总额；④分析招商引资的对象、招商的可能性，并预估投资额。在此基础上，对原实施方案的资金回笼渠道"三资一促"的可行性进行评估。

在实施方案"三资一促"可行性进行评估的基础上，资本方应按以资定整和投资盈利两大基本原则，对原实施方案的三类建设项目工程量和投资额进行优化。

C0206　投融资平衡基本原则

只有保障了业主方、资本方、施工方、咨询方等相关客体的基本利益，保证了全域国土综合整治项目社会化运作持续进行，乡村振兴的主体才能最终持续运营且盈利。

上述利益链的基点是投融资平衡，为确保多方通过全域国土综合整治项目建设受益，我们依据实践经验提出项目策划阶段的投融资平衡基本原则如下：①政府投资完成重资产建设，产业资本轻资产运营，促进乡村主体运营能够持续盈利；②实施方案策划阶段筑台融资、立项增资、招商引资总额应为项目建设总投资的130%以上，为项目投融资平衡打好提前量；③其中筑台融资总额应在项目建设总投资100%以上，立项增资总额应在项目建设总投资20%以上，招商引资总额应在项目建设总投资10%以上。

符合上述投融资平衡基本原则，可预判项目有80%以上的成功可能性。在此前提下，业主方才可进行全域国土综合整治项目立项的具体工作，并开展社会资本前期对接。

C0300　"投"——投资主体

C0301　投资主体有哪些

分析投资主体及其特点，有利于业主方根据自身需要选择资本方；掌握全域国土综合整治的项目特点，有利于资本方、施工方、咨询方明确自身利益关切并决策如何参与。

全域国土综合整治的投资主体，按不同视角可分为不同类型。一般来说，按资本类型可分为金融资本和产业资本，按资本地域可分为地方和外来投资平台公司，按资本性质可分为国有资本、民营资本、混合所有制资本（详见 A0101 内容）。

C0302　投资主体诉求分析

各类投资主体的共同诉求是获取投资收益，但各类投资主体获取投资收益的回报率、回报方式不同。

金融资本的主要利益诉求是获取贷款利息，一般来说涉农的政策性银行贷款利率低于一般性商业银行。

产业资本的主要利益诉求是获取投资回报，产业资本还可进一步细分为投资资本和实业资本，其中投资资本主要是各级政府大型的投资平台公司，除自身资本金外主要靠融资获取投资回报；实业资本主要是涉农类的企业投资乡村地区的一产、二产、三产建设项目，主要靠产业投资获取回报。

外来的投资平台公司，特别是国家级、省级投资平台具有强大的投融资能力，但由于国有资产保值增值的压力，一般都会对业主方提出保底基本投资收益的要求，若地方政府自身负债率高、融资能力差，将会在博弈中处于不利地位，特别是在地票交易变现上具有独特能力的外来平台公司优势更大。

地方的投资平台公司，履行地方政府作为出资人的角色，加上地方政府政绩导向和多种补偿途径，一般不会对业主方提出保底基本投资收益的要求，但地方投资平台相对于外来大型投资平台来说，具有规模小、融资能力差等不利因素。

在全域国土综合整治项目投资方面，由于项目具有政策性强、地票变现难、回报周期长、投资规模大等特点，以各级政府投资平台为代表的国有资本具有天然优势，在完成政府"重资产"投资建设后，项目运营变现能力强的民营实业资本具有一定优势，业主方选择投资主体时应考虑上述特点。

C0303 SPV 公司投资架构

如何选择投资主体及其组合形式，由业主方内在的经济实力、地方政府负债率、地方投资平台的融资能力、地票指标是否稀缺、地票指标变现能力等多种因素，外在的项目特点、各类投资主体的投资意愿和融资能力、地票指标变现能力等因素，以及业主方和资本方相互谈判筹码共同决定。

SPV 公司投资架构最优组合详见 A0108 所述，这种组合适用于地方经济发展快、地方投资平台融资能力强、乡村资源具有开发价值且农村产业投资活跃的地区，属优质投资标的。一般地方投资平台公司作为控股方，由"地方投资平台公司 + 产业资本"组成联合体牵头组建项目公司，其中施工方和咨询方按服务总包形式公开招采后，按招标文件约定投资额参股项目。

除最优组合外其他资本组合方的优先次序如下：①地方投资平台公司独资；②地方投资平台公司 + 外来投资平台公司 + 产业资本组合；③外来投资平台公司 + 产业资本组合；④外来投资平台公司等。四种类型各有优劣和适用范围。

（1）地方投资平台公司独资：业主方的利益得到完全彰显，项目推进过程中沟通交易成本最低，适用于经济实力强、地方投资平台融资能力且产业运营能力强的少数县市区。

（2）地方投资平台公司 + 外来投资平台公司 + 产业资本组合：控股方为地方投资平台公司，参股方外来投资平台公司主要负责地票指标交易变现，参股方产业资本主要负责产业导入和建成后的产业运营。这种模式业主方的利益可基本得到保障，但因参与主体多、利益不一，项目推进过程中沟通交易成本最高，适用于地方政府和平台公司具有一定实力但缺乏地票变现能力且需要向乡村导入产业的市、县、区。这种模式适用多数市、县、区。

（3）外来投资平台公司＋产业资本组合：控股方为外来投资平台公司，负责整个项目的全盘运作；参股方产业资本主要负责产业导入和建成后的项目运营。这种模式业主方处于不利地位，可能要接受资本方保底收益的条款，适用于经济实力较差、地方平台公司融资能力不强且需要产业导入的市、县、区。

（4）外来投资平台公司：需要资本方具有强大的资源整合能力，业主方需让渡较多的经济利益且接受一些不利条款，项目推进过程中沟通交易成本也较低；适用于经济实力差、地方平台公司融资能力弱且急需产业导入的市、县、区。

C0304　投资回报路径

全域国土综合整治项目获得投资回报，关键在于项目建成后完成"资金封闭"，使项目实施方案策划"三资一促"目标得以实现（详见C0202、C0203、C0204内容）。

"三资"中"筑台融资"和"立项增资"所得资金应纳入政府全域国土综合整治专项资金账户或相关政策性涉农资金统筹账户，由全域国土综合整治项目领导小组统筹使用，用于业主方按投资协议支付资本方的项目建设费用，由资本方按合同约定支付施工方、咨询方的服务费用；资本方、施工方、咨询方按 SPV 公司投资协议获得相应投资分红。

"三资"中招商引资所得资金，由产业资本方自行支配使用，投资回报来自建设项目的利润。产业资本方入股项目公司投资资金，投资收益按 SPV 公司投资协议执行。

C0400 "规"——顶层规划

C0401 现状解读

（1）现状分析。分析内容包括但不限于如下：①分析村庄区位条件，包括地理区位、交通区位和经济区位等；②分析村庄资源环境，包括自然条件、地形地貌、资源条件、村庄历史文化遗存、自然景观、文化特色等；③分析社会经济发展情况，包括人口情况（数量、结构、流动趋势等），经济产业情况（种养结构、工业发展、服务业发展以及三产融合情况等）；④分析村域用地现状，包括各类用地的现状布局、规模和结构，耕地可整理、复垦、开发的用地类型和规模分布，经营性建设用地规模和布局等；⑤分析村庄建设情况，调查掌握村庄房屋建设（建筑风貌、建筑质量、景观风貌等）、各类设施（公服设施、基础设施、生产服务设施等）的现状特征与存在问题，尤其是生活垃圾处理、生活污水处理、农村厕所革命、村容村貌提升等方面的突出问题，明确农村人居环境综合整治重点；⑥分析村民意愿，通过问卷、座谈会及走访调查，总结归纳村民诉求。

（2）现状解读。结合村域现状特征、国家政策导向及未来发展趋势研判，综合评价村庄发展条件，总结提炼村庄发展存在的特色资源、问题短板、政策机遇，按"问题+目标"双导向思路，有针对性地提出村庄发展战略与对策。

C0402 发展定位与目标

统筹相关规划，解读村庄现状的特色资源、问题短板、政策机遇等因素，着眼于解决村庄发展的现状问题，实现村庄发展的未来目标，科学制定村庄规划的总体定位。

依据上位规划，充分考虑村庄人口资源环境条件和经济社会发展、人居环境整治等要求，研究制定村庄经济社会发展、国土空间开发利用保护修复、人居环境整治等方面的发展目标和调控指标，明确村庄规划调控指标体系及阈值。

C0403 产业发展规划

综合考虑村庄的资源禀赋和发展条件，对接上级和相关专项规划，按照村庄一二三产业融合的发展思路，提出村庄产业发展体系及产业类型、空间布局、发展策略等内容。

除上级国土空间规划确定的工业用地布局和少量必需的农产品生产加工外，一般不在乡村地区新增工业用地。

在优先使用存量用地基础上，可预留不超过5%的建设用地机动指标，用于保障村民居住、农村公共设施、零星分散的乡村文化旅游设施及农村新产业、新业态等用地需求。

资源条件优越、旅游地位突出的村庄应重点研究旅游发展策略与游线、景点布局等内容。

C0404 空间总图布局

统筹村庄的居民点布局、产业发展、基础设施和公共服务设施、安全和防灾减灾、资源保护等内容，优化村域用地结构，明确各类国土空间用途；对暂时无法明确具体用途的建设用地，可暂不明确规划用地性质，按留白用地处理。

明确用于生产经营的各类集体建设用地边界、类型和规模，包括集体土地上的商业服务业用地、工业用地、仓储用地等，鼓励乡村重点产业和项目使用集体经营性建设用地。

根据农业生产需求，从严控制各项建设占用耕地，特别是可以长期稳定利用的耕地；合理配置种植、畜禽养殖和水产养殖等设施农业用地。

C0405　建设用地规划管控

建设用地管控主要对象是建设空间，要按照"详细规划＋规划许可"的方式，制定具体用地的容积率、绿地率、建筑高度等管控指标，作为建设用地出让行政许可的依据。

落实上级国土空间规划建设用地总量控制目标，按照整体减量，局部增量和培育中心居民点、保护历史文化建筑、收缩空心居民点、搬迁灾害居民点的原则，结合道路、河湖、林地等实体边界，与生态保护红线、永久基本农田保护线、水体保护控制线和其他必要的管控底线充分协调，科学确定村庄建设用地性质和边界，作为村庄建设范围的刚性管控线。

除依据规划明确的产业用地、基础设施用地以及零星机动指标落地之外，一般不得在村庄建设边界外新增建设用地；位于村庄建设边界外的现状零星建设用地，通过土地整理、宅基地置换等方式逐渐向村庄建设范围内集中。

C0406　非建设用地规划管控

非建设用地管控对象主要是生态空间和农业空间，要按照"约束指标＋分区准入"的方式，制定具体的正负面清单、约束控制指标，作为非建设用地出让行政许可的依据。

生态空间管控。落实生态保护红线划定成果及其管控措施，以增加生态碳汇为导向，明确乡村林地、河湖、湿地等生态空间，优化乡村水系、林网、绿道等生态空间格局，加强生态环境系统修复和整治，系统保护乡村自然风光和田园景观。

农业空间管控。落实永久基本农田和永久基本农田储备区划定成果及其管控要求，将上级规划确定的耕地保有量、永久基本农田指标落实到图斑，确保图、数一致；统筹安排农、林、牧、渔等农业空间，完善农田水利配套设施布局。

C0407　乡村设计引导

要将乡村设计思维贯穿于村庄规划的始终，加强村庄的村、田、水、路、林、聚落、建筑、小品等要素的设计引导，提出刚性和弹性要求，纳入村庄规划图则管控。

乡村设计引导进入村庄规划管控图册，并纳入乡村建设规划许可证，作为土地出让或流转合同附件。

C0408　公共设施配套

推进城乡基本公共服务均衡化配置，遵循节约用地、分类分级、与实际服务人口规模匹配等基本原则。

结合上级国土空间总体规划，按照实际服务人口，优化行政管理、研学教育、健康管理、养老服务、文化活动、体育健身、商业服务等公共服务设施配套标准和用地布局。

暂时无法明确位置、无须独立用地的公共服务设施，可采用"点位＋清单"的控制方式进行规划布局。

公共服务设施宜相对集中布置，并考虑混合使用，鼓励部分公共服务设施与周边地区共建共享。

C0409　基础设施提升

区域性交通、给水、排水、电力电信、环境卫生等基础设施，要按上级总体规划或专项规划要求落实。

村庄道路交通规划要衔接区域性交通，合理确定交通体系和布局，优化村域居民点之间的交通联系，因地制宜选择道路宽度和断面，合理设置静态交通设施并明确规模。

村庄给水工程规划应优先采用集中统一供水，明确各居民点供水水源，根据需要合理布置村域给水干管；暂无条件建设集中式供水设施的村庄，应加强对分散式水源的卫生防护。

村庄排水工程规划应因地制宜地选择排水体制，雨水就近排入坑塘、沟渠等水系；有条件的村庄应采用雨污分流制，明确各居民点污水排水量、收集处理方式、排放标准和设施布局；暂无条件的村庄采用分散式微动力生态污水处理设施。

村庄电力电信工程规划要分析生产生活用电负荷，明确供电电源、电压等级和供电线路，根据各村庄生产生活用电、通信需求，合理布局供电、通信基站等设施。

村庄环境卫生设施规划要确定生活垃圾收集、转运方式，布局垃圾收集点（生活垃圾转运站）、公共厕所等环卫设施。

C0410　综合整治安排

要落实上级规划确定的国土空间综合整治目标和项目安排，结合村庄发展制定村庄综合整治具体安排。

农用地整治要依据村庄产业发展需要，明确各类农用地整治的类型、范围、新增耕地面积和新建高标准农田位置。

建设用地整治要依据村庄建设发展需要，提出规划期内建设用地保留、扩建、改建、新建或拆除等处置方式，明确建设用地整治类型、范围、变化指标等。

生态修复要依据村庄生态保护修复需要，针对矿山、林地、河湖等各项生态要素现状存在的问题，明确各类生态修复的类型、空间范围、修复方式及修复标准。

C0411　分期实施

一般村庄规划期限为 15 年，目标年与上级规划一致，近期建设规划应结合国民经济和社会发展五年规划，并与其保持一致。

村庄规划远期要注重产业、用地空间、基础设施、公共设施等系统配置和优化布局；近期要保证近期建设项目落地。

在与各级政府五年发展规划对接后，在村庄规划中应明确近期建设项目一览表、近期土地利用规划图等。

C0412　规划图册

村庄规划图册包括但不限于如下：

（1）区位分析图；

（2）土地利用现状图；

（3）空间结构规划图；

（4）产业发展引导图；

（5）土地利用规划图（2025 年）；

（6）土地利用规划图（2035 年）；

（7）农村宅基地规划图；

（8）道路交通规划图；

（9）道路竖向规划图；

（10）公用设施规划图（给排水/环卫/电力电信/防护林等）；

（11）"区线"控制规划图；

（12）土地综合整治规划引导图；

（13）乡村设计引导图；

（14）建设分期规划图；

（15）近期重点建设项目布局图；

（16）管控单元划分与地块编码图；

（17）1∶1000全要素管控分图则。

C0413　规划成果

村庄规划成果包括文本、图册、数据库、附件等，其中文本、图册、数据库是法定成果内容，附件包括说明书、批复文件、村民委员会和村民征求意见、专家意见等文件。

村庄规划是国土空间规划体系中城镇开发边界以外乡村地区的详细规划。经依法审批的村庄规划成果，是开展国土空间开发保护活动、实施国土空间用途管制、核发乡村建设项目规划许可、进行各项建设等的法定依据。

C0500　"设"——工程设计

C0501　规设衔接

全域国土综合整治项目分为决策、设计、施工、运营等四个阶段，其中规设主要发生在决策、设计阶段。

按照湖北省自然资源厅《关于推进全域国土综合整治的意见》（鄂政发〔2019〕25号）、湖北省全域国土综合整治领导小组办公室《关于加强全域国土综合整治试点项目实施管理的通知》（鄂土整办函〔2021〕4号）文件要求，全域国土综合整治项目立项阶段需要报送如下资料：项目区正射影像、1∶1000地形图、乡镇国土空间规划或村庄规划、全域国土综合整治实施方案、永久基本农田调整方案、林地调整方案等。

全域国土综合整治项目的规划由业主方负责，在决策阶段完成；设计阶段在项目立项后，社会资本招采完成后由SPV公司负责，是项目全生命周期的第二阶段。

按《关于加强全域国土综合整治试点项目实施管理的通知》（鄂土整办函〔2021〕4号）要求，通过备案的实施方案是项目立项和工程施工图设计的依据。原则上项目实施方案一经备案不得随意变更，确需变更控制性指标的，经市（州）领导小组办公室审查通过后，报省领导小组办公室备案。开展项目工程设计和预算编制时，允许对项目实施方案进行优化，项目预算总投资可以在经批准的实施方案总投资10%左右浮动，但是地方政府承诺整合和投入的资金不得减少。

C0502　工程设计体系

依据备案的全域国土综合整治实施方案和依法审批的村庄规划，开展全域国土综合整治工程设计。工程设计体系包括建设用地整治、农用地综合整治、生态保护修复和环境整治工程设计三大类子项，具体子项因项目包装不同而不同。

一般来说，建设用地整治工程设计包括但不限于如下：中心社区方案和施工图设计、美丽乡村方案和施工图设计、返乡创业园方案和施工图设计、道路工程施工图设计、城乡用地增减挂钩项目规划设计、工矿废弃地复垦利用规划设计等。

一般来说，农用地综合整治工程设计包括但不限于如下：高标准农田项目规划设计、旱改水项目规划设计、农田水利工程规划设计、低效农用地整治规划设计、土地开发利用规划设计、林地开发利用规划设计、低丘缓坡改造规划设计等。

一般来说，生态保护修复和环境整治工程设计包括但不限于如下：景观综合整治规划设计、低效林地提升规划设计、国土绿化美化规划设计、农业面源污染防治规划设计、工矿废弃地复垦利用规划设计、流域综合整治规划设计、湖泊水库综合整治规划设计、污染土地生态修复规划设计等。

C0503 建设用地整治工程设计

建设用地整治工程设计应严格落实法定村庄规划，以核发的乡村建设规划许可为依据，不搞"两张皮"。

建设用地整治的子项工程设计应参照行业技术规范，注重子项工程设计与顶层村庄规划之间的统筹协调。按乡村规划许可证落实具体地块和工程的性质、面积、边界、容积率、绿地率、建筑高度、出入口、场地标高、建筑后退、机动车配置、建筑风格、建筑色彩、用地兼容等一系列管控要求。

以中心社区方案和施工图设计为例，说明建设用地整治工程设计的方案和施工图技术要点如下。

①方案设计内容：对建设用地进行建设条件分析及综合技术经济论证；对建筑、道路和绿地等的空间布局和景观进行规划设计，布置总平面图；对住宅、社区中心、学校和托幼等建筑进行日照分析；根据交通影响分析，提出交通组织方案和设计；进行市政工程管线规划设计和管线综合；进行竖向规划设计；提出估算工程量、拆迁量和总造价，分析项目投资效益。

②施工图设计：以业主方按法定程序批复的方案设计成果为基础，按行业技术规范完成单项的建筑工程、园林绿化和景观工程、市政工程等项目的施工图设计，并按行业定额标准完成单体和总体工程的预算编制。

C0504　农用地综合整治工程设计

农用地综合整治工程设计应严格落实法定村庄规划，以核发的乡村建设规划许可为依据，不搞"两张皮"。

农用地综合整治子项工程设计应参照行业技术规范，注重子项工程设计与顶层村庄规划之间的统筹协调。按乡村规划许可证落实农用地的性质、面积、边界、坐标、场地标高、正负面清单、约束控制指标等一系列的管控要求。

以高标准农田项目规划设计为例，说明农用地综合整治工程设计的方案、施工图、预算编制技术要点如下。

①规划设计内容：高标准农田建设主要是在田、土、水、路、林、电、技、管八个方面进行具体建设。调研应与业主方确定项目重点建设区域，通过座谈向乡镇和村（居）民委员会、村民代表宣讲工作内容并讨论理清思路，提出建设方向与主次；业主方安排熟悉项目情况的人员参与踏勘摸清现状。外业调查一般以水资源利用为主线，调查水资源的利用需求与排灌范围、现状断面尺寸等，通过水源建设，灌排水沟渠及渠系建筑物布局，结合田块整治、道路以及亮点区域建设等完成总体布局。

②施工图内容：以现场调查和工程计算确定设计规格，参照相关设计标准、设计规范进行制图，应以地方常用建筑材料、结构形式为主；有荷载要求的建筑单体，如桥梁等，需进行理论计算和校核；完成制图作业后计算单体结构工程量。

③预算编制内容：应以造价软件编制为宜，表格编制需注意数据链接，需检查复核，避免错误，并根据最新材料信息价、建设工程计价依据编制取费。预算不足或超额需调整时，制定调增或调减工程内容。

C0505 生态保护修复和环境整治工程设计

生态保护修复和环境整治工程设计应严格落实法定村庄规划，以核发的乡村建设规划许可为依据，不搞"两张皮"。

生态保护修复和环境整治子项工程设计应参照行业技术规范，注重子项工程设计与顶层村庄规划之间的统筹协调，按乡村规划许可证落实生态用地的性质、面积、边界、坐标、场地标高、正负面清单、约束控制指标等一系列的管控要求。

以工矿废弃地复垦利用规划设计为例，说明工矿废弃地综合整治工程设计的规划方案和施工图技术要点如下。

①规划方案内容：背景和基础分析，包括自然和经济社会条件、工矿废弃地现状和潜力；复垦项目的布局、规模、用途和进度安排，复垦质量要求，复垦措施和投资概算；建新用地的布局、规模和利用方向；评估生态、经济和社会效益；保障措施。

②施工图设计：明确复垦地块的总体布局图，注明整治后各类用地性质和边界，配套复垦后的排灌设施和水流方向，绘制整治后土地利用结构表；单体工程设计要完成建（构）筑物设计图、沟渠道路断面图、典型田块设计图、林地种植设计图等，注明单体工程的尺寸、材料及平立剖面图，按行业定额标准完成单体和总体工程的预算编制。

C0506 整治分区与工程设计协调

全域国土综合整治项目策划时，要根据项目的综合发展条件和生产、生活、生态"总体布局，将整治区域按照产业发展、乡村建设、生态保护修复、乡村风貌提升等不同整治目标，划分为若干个整治分区（或功能单元），整治分区即为项目施工的组织单元和项目验收的地票核定单元。

整治分区与工程设计的协调问题，具有总分总和施工标段的关系。子项工程设计在项目区是一个系统工程，在规划设计阶段应整体考虑系统性，按整治分区将子项工程设计划分为若干施工标段，工程的若干标段施工组成项目区的子项工程设计，规划设计与施工组织协调通过标段划分处理。

C0507　工程设计评审要点

全域国土综合整治工程设计评审分空间关系评审、工程规划设计评审、工程预算编制评审三部分，因全域国土综合整治的系统性、综合性、复杂性，以及地票指标产出刚性要求（详见 C0103 内容），工程设计评审要特别重视空间关系评审，这与传统单一要素整治工程设计评审有重大区别。

（1）空间关系评审。主要工作包括但不限于如下：①以整治分区为单位，逐个核查分区内涉及的工程建设内容、规划布局和工程设计；②将子项目工程建设内容、规划布局、整治分区内其他子项建设范围和不动工范围叠加在正射影像上，核实子项目所涉及的整治分区情况；③核查子项所在整治分区与其他子项之间的空间关系，核算子项在整治分区内的面积；④核查子项与实施方案及法定村庄规划之间的一致性；⑤核查子项建设目标指标情况，核查子项与项目总的建设目标指标之间的关系。

（2）工程规划设计评审。按相关子项的规划审计行业技术标准进行审查，一般包括但不限于规划布局的合理性、工程设计标准的科学性、工程量统计的准确性等内容。

（3）工程预算编制评审。按相关子项的工程预算编制技术标准进行审查，一般包括但不限于子项工程预算定额选取的合理性、人工和主要材料等单价选择的正确性、子项工程综合单价计算的准确性等内容。

C0600 "建"——施工组织

C0601 施工发包准备

全域国土综合整治工程投资占项目总投资额的绝大部分，是建设项目决策、设计、施工、运营全生命周期中建成落地的关键环节，因此项目施工的发包准备工作必须周全。

一般来说，全域国土综合整治工程施工发包准备工作包括制定发包方案、选择工程招标代理单位两部分。

（1）制定发包方案包括但不限于如下内容：

①依据批复备案的全域国土综合整治实施方案、村庄规划、子项施工图和预算编制等资料，确定全域国土综合整治施工发包合同内容、总工程量、总投资额等关键信息；

②根据国家、省级地方政府公共采购要求，结合项目特点和合同内容特点，确定项目施工发包与采购方式；

③根据全域国土综合整治项目的总体建设计划，制订项目发包和采购工作计划，包括责任主体、职责分工、与招标代理机构的配合事项、发包与采购的总体进度要求等。

（2）选择工程招标代理单位包括但不限于如下内容：

①根据全域国土综合整治项目特点，确定招标代理单位选择的要求

和方式，考察招标代理单位；

②组织招标代理机构评选，完成与施工招标代理单位的招标代理合同签订与备案。

C0602 施工发包工作

全域国土综合整治项目施工发包工作一般包括编制施工招标公告和招标文件、文件备案、发布招标信息、组织开标评标活动、合同谈判及签约、办理合同备案等工作。

（1）编制施工招标公告和招标文件应根据全域国土综合整治的项目特点，确定招标范围、工程总投资、工程进度要求、投标人资格要求、评标方法等关键内容。

（2）文件备案应按照国家、省级地方政府公共采购要求，对施工招标公告和招标文件按程序进行备案。

（3）发布招标信息应按审批确定的项目施工发包与采购方式，面向潜在投标人发布项目施工招标公告信息。

（4）组织开标评标活动应按照国家、省级地方政府公共采购要求，依据招标公告确定的资格预审和评标方法等，由招标代理机构组织评标专家小组对投标人提交的标书进行资格预审和评标打分，形成评标报告，选出中标候选人。

（5）合同谈判及签约应依据招标公告、招标文件和中标候选人提交的招标文件，由全域国土综合整治项目SPV公司和中标候选人进行合同谈判，之后签订正式合同，合同约定具体如下：

①合同范围；

②合同双方的权力、责任和义务；

③合同价格、计价方式及调整方式；

④合同标的的质量要求和验收方式及程序；

⑤合同标的的进度要求及与其他参与方的工作配合；

⑥对工程变更和增减的规定；

⑦违约责任和解决争端方式；

（6）办理合同备案应依据地方政府公共采购项目合同备案要求，按时提交合同备案的资料。

完成上述施工发包工作后全域国土综合整治项目可进入施工前准备。

C0603 施工前准备工作

全域国土综合整治项目施工前准备工作一般包括制定工程管理制度、制订工作计划、策划现场用地计划、工程管理制度和进度计划审核、制订资金使用计划等工作。

（1）制定工程管理制度应根据全域国土综合整治项目特点，由施工单位依据业主方的项目管理方案制定工程管理制度（可参见C0700内容），内容包括但不限于质量控制、进度控制、投资控制、合同管理、信息管理、安全管理等系列制度；

（2）制订工作计划应由施工单位依据业主方的项目进度计划，制订施工总进度和重要节点进度计划；

（3）策划现场用地计划应根据全域国土综合整治项目区的现场用地条件，由施工单位制定现场用地方案如下：

①规划用地和施工用地房屋的界址；

②策划办公区、生活区、作业区、临时道路等功能分区；

③拟定临时用水、用电的接入点和排水出入口等；

④拟定业主方、资本方、咨询方的现场办公场地；

⑤制订工程施工、临时道路建设计划等。

（4）工程管理制度和进度计划审核由工程监理单位初审施工方提交的工程管理制度和工作计划，确定全域国土综合整治项目的关键节点和里程碑，并开展进一步审核认定。

（5）制订资金使用计划由工程造价单位依据工程施工进度计划编制施工资金使用计划并组织审核。

完成上述准备工作后，全域国土综合整治项目施工就具备了开工条件。

C0604 组织设计交底

全域国土综合整治项目施工具备开工条件后，应组织由业主方、资本方、服务方（包括项目管理、勘察设计、工程监理、造价咨询顾问、施工总承包等单位）参与的项目开工会议，各方需委派项目负责人和相关人员参加，明确多方的组织机构、人员及其分工、总体要求、相关工作安排等。

全域国土综合整治项目开工会议后，项目联合指挥部要组织设计交底并编制交底纪要，具体要求如下：

①设计单位介绍设计的主导思想、采用的设计规范，介绍全域国土综合整治实施方案、村庄规划、子项施工图和预算编制等，说明工程材料、施工技术、工程质量等相关要求；

②业主方、资本方、施工单位、监理单位等提出意见和建议，设计单位进行答复，对交底会议上决定必须修改的，由原设计单位按设计变更管理程序对设计方案进行修改；

③设计交底会议纪要应由业主方、资本方、服务方（包括项目管理、勘察设计、施工总承包等单位）代表和工程监理方总监理工程师共同签字确认。

组织设计交底后，项目联合指挥部要组织多方开展标准工程试验段建设，具体内容详见 A0207、C0703 内容。

C0605 施工过程管理

全域国土综合整治项目的施工过程管理包括但不限于质量管理、进度管理、成本管理、信息管理、合同管理、安全管理、协调管理等，可参见 C0700 内容。

（1）施工过程的质量管理包括但不限于如下：
①组织编制工程施工质量管理规划；
②督促工程施工相关单位建立质量控制系统；
③专项评估分析可能对施工质量有重大影响的风险因素；
④检查并督促施工、监理单位做好质量控制预案；
⑤组织处理工程施工质量问题和事故。

（2）施工过程的进度管理包括但不限于如下：
①完善或建立进度控制体系，明确进度编制标准和要求；
②细化、调整项目总体控制进度计划，明确关键里程碑；
③审核施工总进度计划和各专项计划，并跟踪督促落实；
④调整施工单位专项控制计划，并督促各单位落实；
⑤督促监理、施工单位定期比较施工进度执行情况；
⑥专项评估可能对项目进度产生重大影响的风险因素；
⑦审批、处理工程停工、复工及工期变更事宜；
⑧协调各单位进度矛盾。

（3）施工过程的成本管理包括但不限于如下：
①组织编制资金使用计划并动态调整；
②分解、调整、优化施工过程中的成本控制目标；
③动态监控项目成本，组织编制分析报告；
④专项评估可能对项目成本产生重大影响的风险因素；
⑤审核、处理工程变更、签证中的相关造价问题；

⑥审核工程款支付申请，跟踪支付情况；

⑦审核及处理施工过程中的各项费用索赔；

⑧组织施工过程中的工程结算；

⑨配合施工过程中的外部审计。

（4）施工过程的信息管理包括但不限于如下：

①工程设计图纸和技术文件信息管理；

②工程设计变更文件、程序性文件的信息管理；

③组织召开咨询会、评审会、协调会的纪要文件信息管理；

④施工过程招标文件、评标结果、合同文档等信息管理；

⑤工程施工过程竣工图、验收程序性文件信息管理；

⑥工程施工支付的签批、拨付程序性文件信息管理；

⑦办公文件存档的信息管理。

（5）施工过程的合同管理包括但不限于如下：

①建立、维护合同管理台账；

②组织合同谈判并签订协议或补充协议；

③确定合同界面、建立合同架构、动态调整等原则；

④督促各方按合同约定履行义务，编制履约报告；

⑤处理施工过程中合同争议与索赔；

⑥处理合同变更。

（6）施工过程的安全管理包括但不限于如下：

①组织编制安全施工管理规划；

②督促各单位建立安全施工控制体系并跟踪；

③督促监理履行安全生产法定职责和合同约定监理职责；

④定期组织项目安全文明施工情况检查评比；

⑤组织或处理安全事故。

（7）施工过程的协调管理包括但不限于如下：

①完善工程建设管理模式；

②组织协调与政府有关部门的关系；

③主持、参与工程施工相关的会议；

④协调施工现场周边群众的关系；

⑤协调处理现场矛盾和争议；

⑥建立项目沟通机制。

C0606　工程设计变更

全域国土综合整治工程施工阶段的设计变更主要发生在施工交底、施工过程两个阶段。

其中施工交底阶段的设计变更参见 C0604 内容。

其中施工过程阶段的设计变更主要是因"工程施工图深度、工程施工难以协调的矛盾、不可预见突发性施工条件变化"等因素，必须对原施工图进行调整。

制定并执行严格的设计变更流程，对于可能降低设计标准、影响使用功能或出于简化施工、节约成本的变更不得审批。

工程设计变更要进行充分的技术经济论证，原则上全域国土综合整治施工阶段的设计变更造价控制在 3% 左右，对工程造价和工程进度有显著影响的变更，业主方应进行核签。

工程设计变更应按规定程序办理设计变更手续并签证存档，对于重大设计变更应重点控制，确保项目质量。

C0607　项目竣工验收

项目竣工验收是指施工方按施工合同和施工图纸完成了项目施工，经自检合格后由业主方组织的验收过程。

全域国土综合整治的项目竣工验收一般分子项工程验收和整体工程

验收两部分（参见 A0207 内容）。

项目竣工验收一般分验收材料准备、政府部门竣工验收、召开验收会议、签署验收报告、竣工验收报告备案等。

验收材料准备包括但不限于如下：

①施工方编写验收方案和计划，业主方和资本方确认；

②资本方、服务方（包括项目管理、勘察设计、工程监理、造价咨询顾问、施工总承包等单位）整理相关验收档案资料；

③监理单位对施工总包单位提供的验收材料进行预验并完成整改；

④组织参建单位出具相关的验收报告，如项目公司填写的《工程质量验收通知书》、监理单位填写的《工程质量验收评估报告》、设计单位填写的《工程设计单位质量检查报告》、施工单位填写的《工程竣工验收报告》等；

政府部门竣工验收包括政府负责工程验收的主要职能部门开展的规划、消防、质监、绿化、环保等专项验收，视全域国土综合整治项目涉及的相关部门情况而定。

召开验收会议指政府部门组织验收小组，通过实地查验工程质量，审查相关工程档案和验收报告，对全域国土综合整治项目的施工质量作出全面评价，形成竣工验收档案。

签署验收报告指资本方、服务方（包括项目管理、勘察设计、工程监理、造价咨询顾问、施工总承包等单位）代表在竣工验收报告结论上签署意见。

竣工验收报告备案指竣工验收合格后，业主方持相关资料取得备案机关出具的工程竣工验收备案证明。

全域国土综合整治的子项工程验收由相关行业主管部门，根据有关管理规定和技术标准要求组织竣工验收；全部子项验收合格，且永久基本农田调整方案通过专项验收，地票指标经地市州自然资源主管部门核定并按程序在自然资源部有关信息系统中备案后，市、县、区人民政府方可组织工程整体验收，验收不合格的限期整改，验收合格的下达整体验收批复。

C0608 项目竣工结算

全域国土综合整治的项目施工结算包括收集竣工结算相关文件、编制竣工结算文件、审核结算文件、组织审核及处理施工索赔事宜、协调解决结算过程中的疑难分歧等。

收集竣工结算相关文件指收集工程施工相关的文件资料进行整理汇总，以备竣工结算文件编制需要。

编制竣工结算文件应包括但不限于如下的内容：合同文件、竣工图、工程变更文件、工程计价文件、工程量清单、取费标准和调价规定、经有关方签署的工程索赔等。

审核结算文件应由资本方项目 SPV 公司委托审价单位审核施工方提交的竣工结算文件，召开竣工审价会议对合同中的相关约定进行交流，出具正式的结算审核报告。

组织审核及处理施工索赔事宜指对施工单位提出的费用和工期索赔，组织施工监理、投资监理进行审核并分析原因，按照合同约定及相关法律法规处理。

协调解决结算过程中的疑难分歧指结算过程不可避免、包括但不限于就如下问题进行协调解决：

①竣工图和招标图变化较大，以定额计价结算还是以清单方式结算，会对结算额造成较大影响；

②工程量发生较大变化，分部分项工程费的计划以及原投标报价是否需要调整；

③工程量清单有误，工程量清单与施工图不一致；

④材料涨价因素的处理。

C0609　项目移交

全域国土综合整治完成整体工程竣工验收后，应及时组织项目公司和施工方签订《工程质量保修书》，由施工方按期编制后提交《项目保修一览表》，并提交领导小组办公室备案。

项目联合指挥部应组织施工单位及其他相关单位，将所有工程档案向领导小组办公室移交，并签署移交证明。

项目联合指挥部应组织资本方、服务方（包括项目管理、勘察设计、工程监理、造价咨询顾问、施工总承包等单位）向业主方、行业主管部门及相关村（居）委会说明全域国土综合整治项目"子项工程""整体工程"的建设情况和使用方案。

项目联合指挥部应组织各参建方向业主方移交固定资产，并督促各参建方有序撤离。

C0700　"管"——项目管理

C0701　项目管理体系

项目管理体系涉及全域国土综合整治项目全生命周期的决策、设计、施工、运营四个阶段。

全域国土综合整治项目管理体系包括上述四个阶段和进度、质量、成本、信息、合同、安全六个维度。

全域国土综合整治项目管理应坚持慎决策、缓设计、快施工、重运营四大基本原则。

C0702　项目成功和管理成功

按项目管理基本要求，全域国土综合整治项目的核心目标是实现项目的质量、进度、成本三大目标。

依据项目管理基本要求，全域国土综合整治项目管理包括项目成功和项目管理成功两个方面。

项目成功：指全域国土综合整治项目的质量达标，通过项目的决策、设计、施工达到项目规划设计的技术目标，如地票指标如期实现、工程子项和整体验收合格等。

项目管理成功：指全域国土综合整治项目的质量、进度、成本达标，通过项目的决策、设计、施工达到项目规划设计的技术目标，工程进度控制在计划时间之内，成本花费控制在项目总投资额以内，三大目标实现了，项目才真正成功。

C0703　项目质量管理体系

项目质量管理体系主要包括决策、设计、施工三个阶段的质量管理，关系全域国土综合整治项目决策科学性和建设质量。

决策阶段主要分前期方案策划、实施方案编制两大主要内容。

①前期方案策划工作主要由自然资源部门负责，工作内容详见C0100、C0200部分。质量管理的核心是审查项目包装的科学性、指标产出的可能性、投融资平衡的可行性，在满足项目80%以上成功可能性前提下，才可启动实施方案编制。

②实施方案编制工作主要由自然资源部门负责，按湖北省全域国土综合整治领导小组办公室《关于加强全域国土综合整治试点项目实施管理的通知》（鄂土整办函〔2021〕4号）文件要求，实施方案编制需要向

审批机关报送如下资料：项目区正射影像、1：1000地形图、乡镇国土空间规划或村庄规划、全域国土综合整治实施方案、永久基本农田调整方案、林地调整方案等。因存在竞争性评审，此阶段质量管理的核心是审查材料的完备性、项目特点的挖掘、对标竞争性打分项自评得分等。

设计阶段工作主要由资本方项目SPV公司负责组织，咨询方按依法审批备案的实施方案开展规划设计和预算编制，工作内容详见C0500内容。质量管理的核心是对子项规划设计和预算编制进行评审，具体内容详见C0507工程设计评审要点。

施工阶段工作主要由资本方项目SPV公司负责组织，施工方按依法审批备案的规划设计和预算编制组织施工，工作内容详见C0600内容。质量管理由自然资源部门负责监管，并组织多方做好施工交底和标准工程试验段建设；由施工监理负责具体工作；施工单位严格按施工图组织施工，不得随意变更，确需调整的按项目管理方案确定的程序，履行设计变更手续。

项目决策、设计、施工三个阶段的质量管理要发挥专家委员会的作用，开展多种形式的研讨、考察、调研、咨询、评审活动，提高项目决策的科学性和建设质量。

C0704 项目进度管理体系

市、县、区领导小组应组织编制全域国土综合整治项目工作计划表，明确项目工作阶段、工作内容、责任单位和责任人、时间计划等内容，形成项目进度管理"甘特图"[①]。

项目进度管理体系包括决策、设计、施工三个阶段的工作内容、责任单位和责任人、时间计划等内容。

---

① 甘特图，又称为横道图、条状图。以提出者亨利·L.甘特先生的名字命名。

全域国土综合整治项目决策阶段的进度管理，包括但不限于实施方案编制的服务商招采、现场调研和资料收集、初步方案汇报、成果汇报、成果专家审查、成果行政审查、成果立项报批、主管部门备案等工作阶段（详见 A0205 内容）。

全域国土综合整治项目设计阶段的进度管理，包括但不限于规划设计和预算编制的服务商招采、现场调研和资料收集、初步方案汇报、成果汇报、成果专家审查、财政评审、成果行政审查、主管部门备案等工作阶段（详见 A0206 内容）。

全域国土综合整治项目施工阶段的进度管理，包括但不限于施工服务的服务商招采、施工交底、标准工程试验段建设、子项工程施工、工程变更、工程变更备案、子项工程验收、工程整体验收等工作阶段（详见 A0207 内容）。

项目决策、设计、施工三个阶段的进度管理要发挥项目领导小组的统筹协调作用，项目联合指挥部要提高执行力，确保项目阶段进度和整体进度可控。

C0705　项目成本管理体系

市、县、区领导小组应依托全域国土综合整治项目 SPV 公司，按收支两条线原则建立专项账户和统筹账户，相关资金不得挪作他用。其中专项账户由政府方、资本方、施工方、咨询方共管（在施工方、咨询方参股条件下），统筹账户是相关部门纳入统筹使用政策性涉农项目资金账户。

全域国土综合整治项目决策阶段成本应纳入项目总投资预算编制；项目完成决策立项程序后，资本方项目 SPV 公司应依据报批备案的实施方案，编制设计、施工、运营三个阶段各类成本支出方案，项目联合指挥部审查"项目一览表"后，报市县区项目领导小组办公室并备案。

全域国土综合整治项目设计阶段的成本管理，包括但不限于招标代理费用、勘察设计费、专家咨询费、办公设备及耗材费、场地租赁费等成本支出（详见 C0500 内容）。

全域国土综合整治项目施工阶段的成本管理，包括但不限于招标代理费、各子项工程相关费用（含征地费、附着物补偿费、施工材料、机械设备使用费、人工劳务费等）、监理费、造价费、竣工图编制费、专家咨询费、办公设备及耗材费、场地租赁费等成本支出（参见 C0600 内容）。

全域国土综合整治项目运营阶段的成本管理，包括但不限于项目保修期的维修费、项目日常管护费用、项目后评估招标代理和咨询服务费、运营人员日常工资、办公设备及耗材费、场地租赁费等成本支出（参见 C0800 内容）。

除上述三项费用支出外，资本方项目 SPV 公司贷款利息支出应按计划工期单独列支，项目联合指挥部应提高统筹管理水平，强化工程进度督导，确保项目整体进度控制在计划工期之内，尽量缩短工期降低利息支出。

项目设计、施工、运营三个阶段的成本管理要发挥联合指挥部的统筹督导作用，以及资本方项目 SPV 公司成本控制能力，确保成本支出可控。

C0706　项目信息管理体系

全域国土综合整治项目 SPV 公司，应建立项目信息管理体系，对包括但不限于项目的基本情况、质量、进度、成本、合同、安全等信息进行系统集成化管理（详见 A0300 内容）。

质量信息管理重点是针对村庄规划、实施方案、子项施工图设计和预算编制、工程量变更、竣工图编制、后评价等成果，将其初步方案、技术和财政评审方案、备案方案等内容进行数字化集成管理，确保工程质量可控。

进度信息管理重点是，按工作计划、进度动态、成本支出对应原则，对项目的甘特图所列事项进行阶段、整体进度控制，确保工程"进度"可控。

成本信息管理重点是，按工作计划、进度动态、成本支出对应原则，对项目的总投资、支出预算、实际支出进行日常管理和整体控制，确保工程成本可控。

项目信息管理的关键是乡村项目管理系统 RIM 的建设和运行，这就要求全域国土综合整治项目的主导方具有超前的视野和强大的能力，运用现代信息技术、物联网技术、虚拟现实技术等实现项目建造的数字化赋能（参见 A0300 内容）。

C0707　项目合同管理体系

全域国土综合整治项目的合同管理体系主要包括但不限于服务采购、工程采购、货物采购等在内的合同。

服务采购合同一般包括招标代理、实施方案、村庄规划、正射影像和地形图测绘、施工图及预算编制、监理服务、造价咨询、竣工图编制、后评价等。

工程采购合同一般包括农用地整治、建设用地整治、生态保护修复和环境整治三大类工程，具体项目的子项规模、构成及其建设内容均不同。

货物采购合同主要是项目施工所需的材料、设备等采购，其类别和数量依项目不同而不同。

为实现项目管理目标，全域国土综合整治项目要确定合理的采购方式、招标条件，合理界定多方权责利。

全域国土综合整治项目合同体系庞杂，合同管理要充分利用乡村项目管理系统 RIM 的数据集成功能。

C0708　项目安全管理体系

全域国土综合整治项目安全管理主要发生在施工过程中，施工总包方要建立完善的安全管理制度并监督实施。

C0800　"运"——后期运营

C0801　项目管护

全域国土综合整治项目整体竣工验收交付业主方后，资本方和施工方应按合同约定（如有），提供项目三大类及其子项工程三年保修期，其经费列入项目总投资预算。

全域国土综合整治项目整体竣工验收交付业主方后，应建立政府指导，农村集体经济合作组织负责实施，农户和专业管护人员参与的项目管护体系；应与农村集体经济合作化改造相适应，探索建立规模化、专业化、社会化的运营管护机制。

项目管护资金应纳入经营主体的经营成本预算，制定管护办法，明确管护主体、责任和义务等。

C0802　项目后评估

项目整体竣工验收交付后，市、县、区全域国土综合整治领导小组应择优选取第三方服务机构（与前期相关工作不存在利益关系的服务机构)，对项目建设工程质量、设计目标达标等关键绩效开展综合评估，对不合格项提出整改要求。

其中工程质量评估包括：①量的评估，对照实施方案、村庄规划、规划设计及预算编制、竣工图及工程变更等资料评估工程建设完成数量；②质的评估，对照规划设计、竣工图及工程变更、建成实物等资料评估工程施工的质量情况。

其中设计目标达标评估包括：①"出地率"评估，对照实施方案、村庄规划、相关子项规划设计、竣工图和建成实物等资料，核定新增耕地的地类、数量、质量准确性，是否达到预期目标；②"三生空间优化"评估，对比实施方案、村庄规划相关子项规划设计、竣工图和建成实物等资料，重点评估耕地集中连片情况、零星村庄减少率、建设用地图斑集聚率、生态空间整合及生态效率提升等，是否达到预期目标。

市、县、区级全域国土综合整治领导小组应将项目后评价结果向下反馈和向上报告，评价结果作为项目奖励资金申报、后继新项目立项资格、指标交易和使用的重要参考依据。

C0803 项目运营方案

全域国土综合整治项目整体竣工验收交付后，市、县、区领导小组应研究农村产权制度改革的新途径，组织相关村（居）民委员会编制项目运营方案，探索农村集体经济组织实施合作化、适度规模经营、实现三产融合的乡村振兴发展模式。

按照政府指导，项目区相关村（居）民委员会为主体原则，实施农村集体经济合作化改造，组建集体资金、土地、产业三大合作社（详见B0300、B0400、B0500内容）。

由集体经济合作组织对项目区的农村资源性、经营性、公益性资产实施市场化经营；集体经济合作组织按程序批准或在村（居）民委员会自身能力不足的条件下,可引入外乡人或产业资本控股、参股、参与集体经济合作经营。

对于项目运营,政府切不可大包大揽,应坚持政府指导、村社主体原则,重在培育村(居)民委员会探索集体经济合作化经营的组织能力,增强乡村自身造血功能。

C0804　项目运营模式选择

项目运营模式一般有社内经营、社外经营、合作经营三种模式(详见 B0405 产业运营内容)。

项目区相关村(居)民委员会应因地制宜地选择经营模式,参考因素包括但不限于如下:政府发展规划导向、村(居)民委员会组织能力、集体经济发展现状、集体三类资产状况、产业发展基础条件、地方文化特征、产业资本意愿等。

项目运营模式选择的最终决定权,由村(居)民委员会全体成员按"少数服从多数"原则确定,由代表全体村民利益的村(居)民委员会具体组织实施。

C0805　建立运营实体

运营实体的基本类型有社内经营实体、社外经营实体、个体经营实体等形式,以及由此形成的混合运营实体。

社内经营实体是由村(居)民委员会组建的集体经济合作组织,包括资金合作社(详见 B0502 内容)、土地合作社(详见 B0305 内容)、产业合作社(详见 B0404 内容)等。

社外经营实体是非村(居)民委员会户籍的外乡人或外来产业资本,按市场化模式独立经营土地和产业。

除此之外，乡村还可能存在一些由原乡人、返乡人个体经营的种田大户、家庭农场等运营实体。

C0806　评估综合效益

全域国土综合整治项目整体竣工验收交付后，市县区领导小组应组织项目综合效益评估，以备后期决策参考。

全域国土综合整治项目综合效益评估包括经济效益、生态效益、社会效益等，具体内容包括但不限于如下：

①经济效益：评估耕地产出水平增加和新增耕地产出所带来的经济效益提升；评估增值后二三产业导入带来的经济效益提升；可用耕地增产产值、新增耕地产值、单位面积投入产出率、静态投资回报率、投资回收期等指标进行定量评价。

②生态效益：评估项目区水资源、土壤、植被等环境改善带来的生态效益提升，可用排灌保证率、洪涝灾害发生率、土壤肥力、植被覆盖率、景观破碎指数等指标进行定量评价。

③社会效益：评估项目区对就业机会、村容村貌、景观美景度、历史文化保护、可旅游性等带来的社会效益提升，可用新增就业人口数量、旅游人次、群众满意度等指标定量评价。

综合效益评估结论应向上报告，作为项目奖励资金申报、后继新项目立项资格、指标交易和使用的重要参考依据。

第三部分

咨询管理导图

第三部分　咨询管理导图

A　咨询管理总纲导图

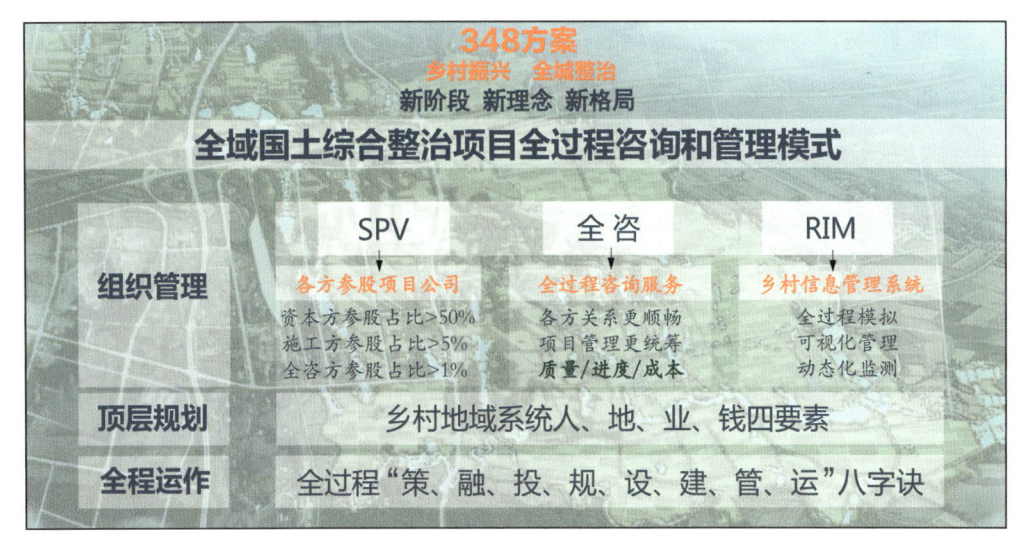

图 1　全域国土综合整治项目全过程咨询和管理模式

注：本图说明总纲组织管理三架构、顶层规划四要素、全程运作八字诀三部分，其中"组织管理"参见 A0000 内容，"顶层规划"参见 B0000 内容，"全程运作"参见 C0000 内容。

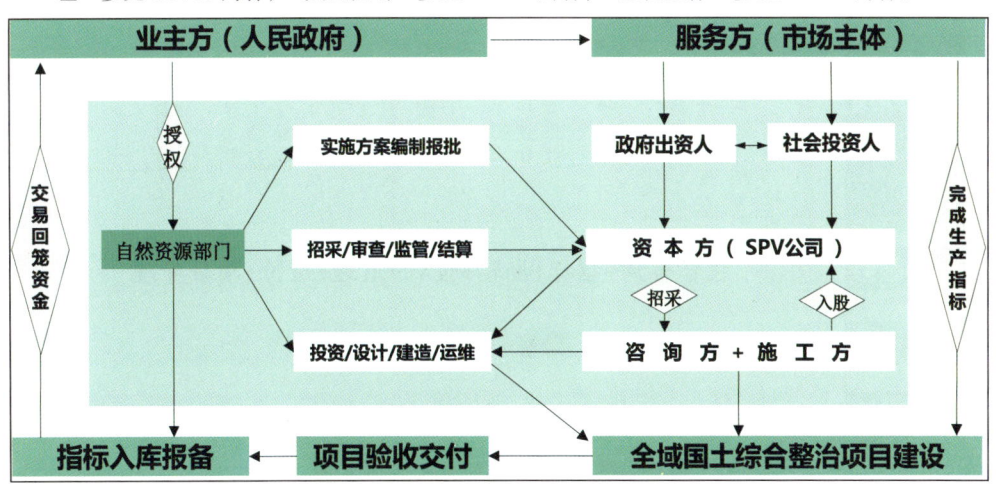

图 2　全域国土综合整治项目全过程咨询和管理流程

注：本图说明业主方、资本方、施工方、咨询方参与全域国土综合整治项目的基本流程和主要工作，说明建设投入和投资回报闭环的基本路径，本图参见 C0200、C0300 内容。

B 咨询管理架构体系导图

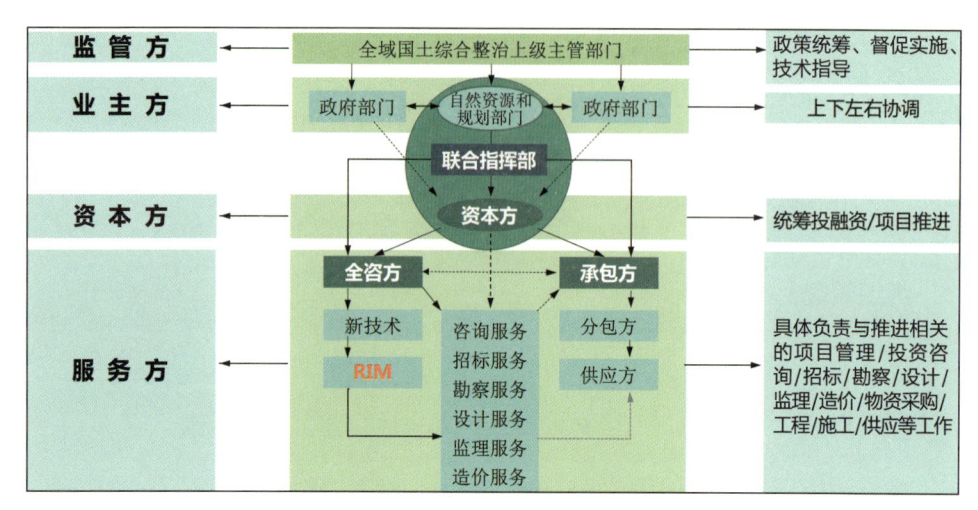

图 3 多方关系架构图

注：本图说明监管方、业主方、资本方、施工方、咨询方等客体参与全域国土综合整治项目的工作职责；本图参见 A0101、A0102、A0103 内容。

图 4 全过程工程咨询服务体系图

注：本图说明全域国土综合整治项目全生命周期的决策、设计、施工、运营等四个阶段，以及按照全过程咨询模式全域国土综合整治需要的七种服务、四类资质、五种资格；本图参见 C0200 内容。

第三部分　咨询管理导图

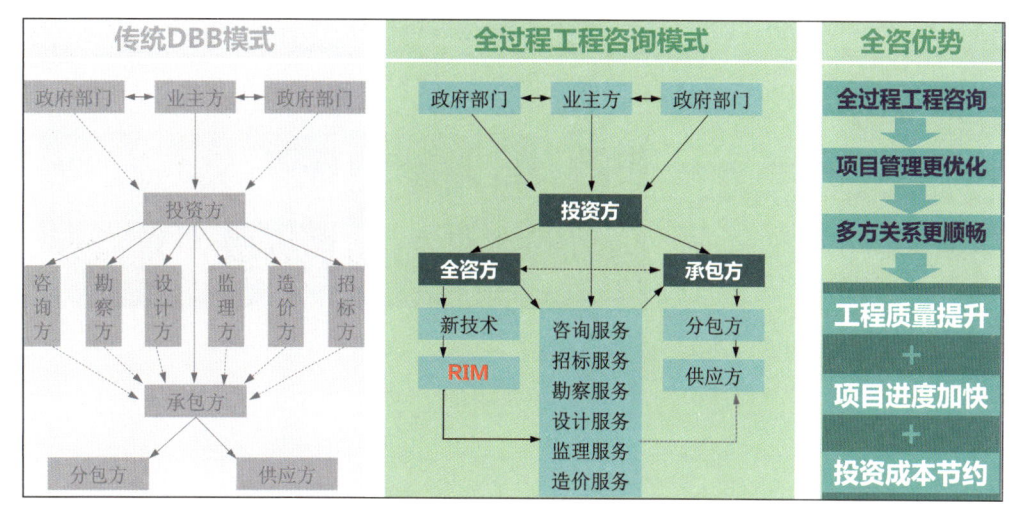

图5　传统模式与全过程工程咨询对比图

注：本图对比传统 DBB 模式与全过程工程咨询模式，说明全过程咨询的工程质量提升、项目进度加快、投资成本解决三大优势；本图参见 A0203 内容。

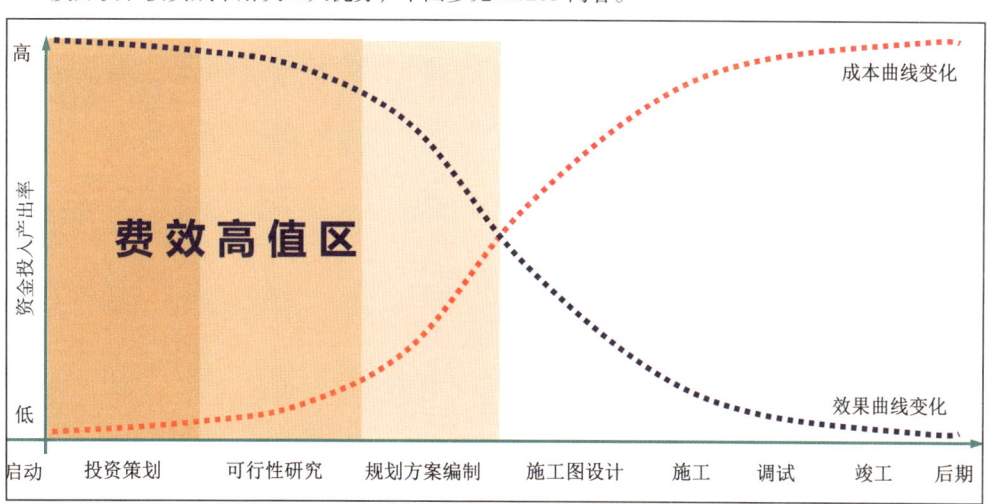

图6　建设项目全生命周期费效曲线图

注：本图说明资本方建设项目全生命周期各阶段的"成本曲线变化"和"效果曲线变化"规律。

101

图 7 乡村项目管理系统 RIM1.0 示意

注：本图对全域国土综合整治项目管理系统 RIM1.0 进行示意，说明其系统界面、主要内容等。

图 8 乡村项目管理系统 RIM2.0 示意

注：本图对全域国土综合整治项目管理系统 RIM2.0 进行示意，说明其系统界面、主要内容等。

第三部分　咨询管理导图

C　咨询管理技术逻辑导图

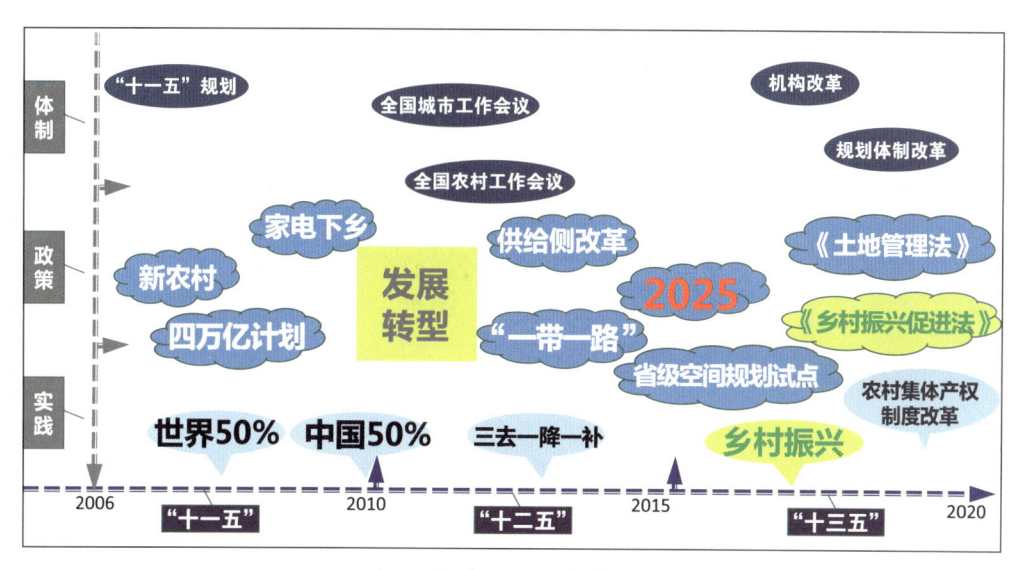

图 9　发展转型与乡村振兴

注：本图可参见 B0101、B0102 内容。

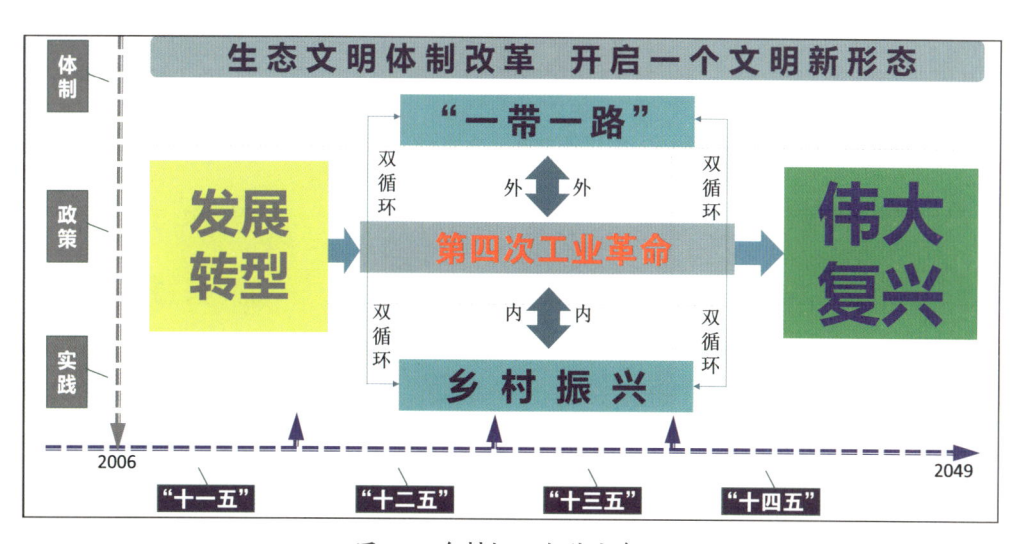

图 10　乡村振兴与伟大复兴

注：本图可参见 B0101、B0102 内容。

103

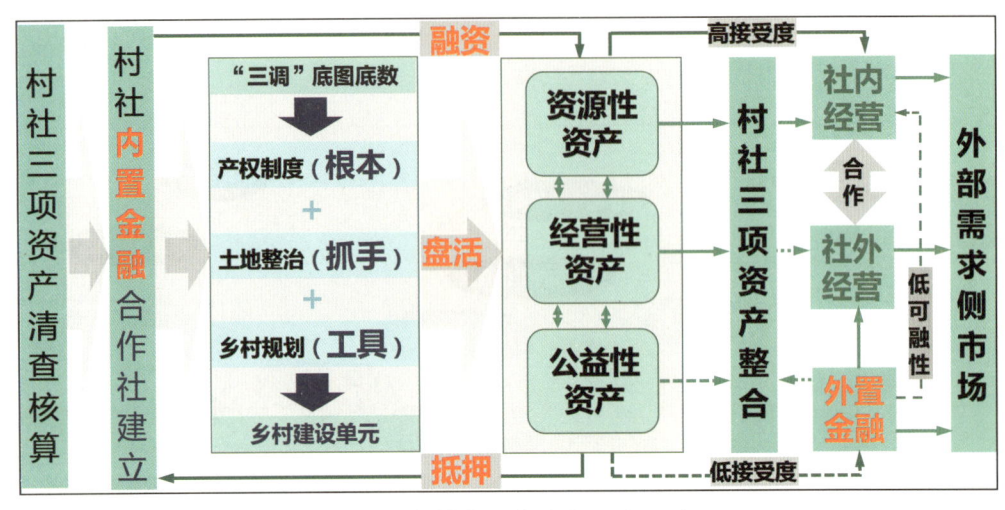

图 11　乡村资源资产变现路径图

注：本图展示通过全域国土综合整治项目整合乡村地区资源资产、衔接内外部经营和内外部需求，打通乡村资源资产变现路径的逻辑；本图参见 B0300、BC0400、BC0500。

图 12　乡村振兴参与方及内外置金融特点对比

注：本图展示通过全域国土综合整治项目，乡村振兴"两体""六方"如何衔接，以及内外置金融的特点对比。

第三部分　咨询管理导图

图 13　生命共同体理念

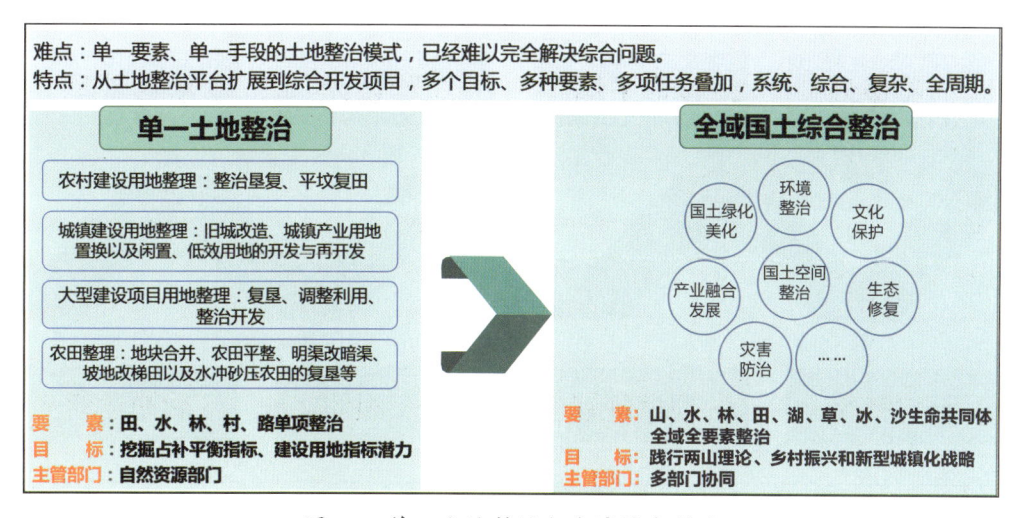

图 14　单一土地整治与全域综合整治

105

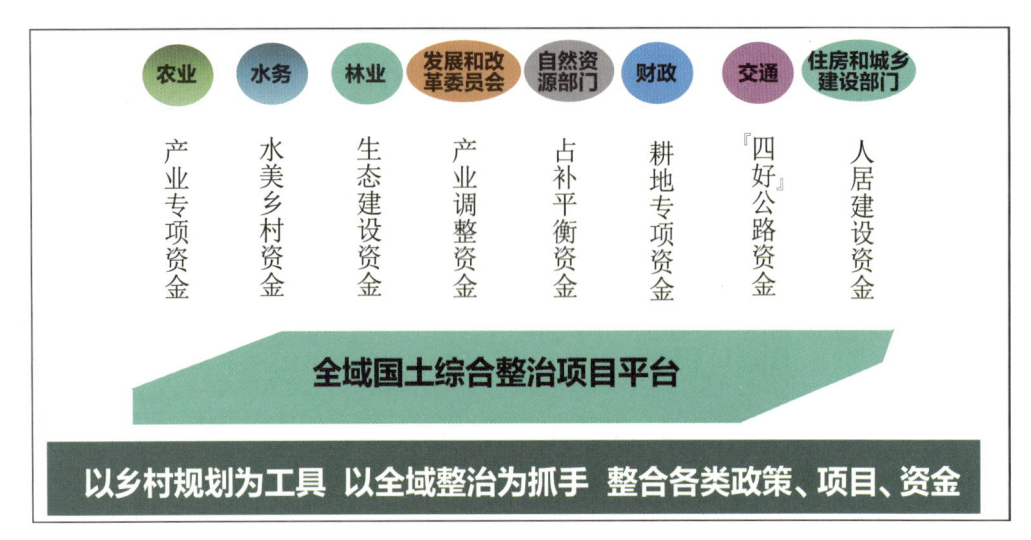

图 15　全域国土综合整治项目平台示意图

注：本图参见 C0100、C0200 内容。

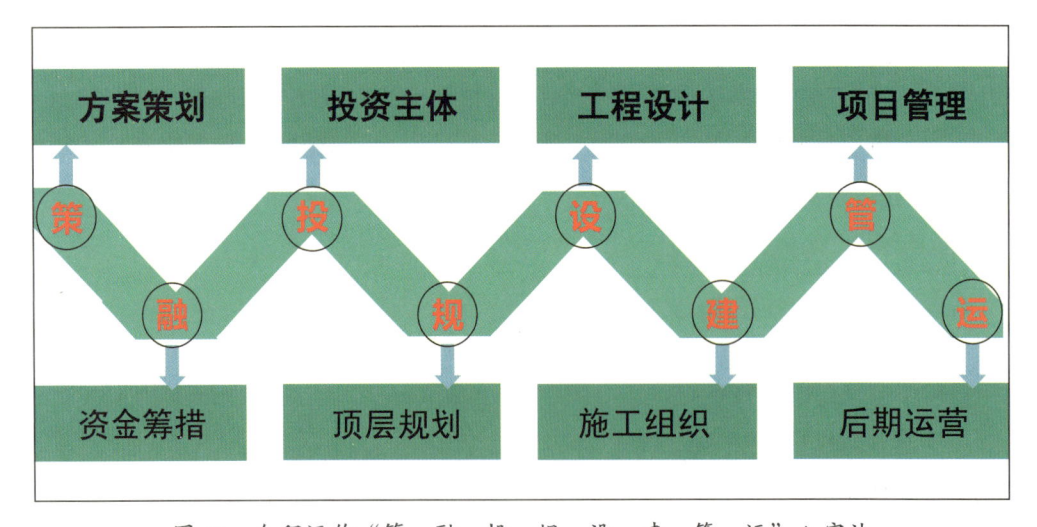

图 16　全程运作"策、融、投、规、设、建、管、运"八字诀

注：本图参见 C0000 内容。

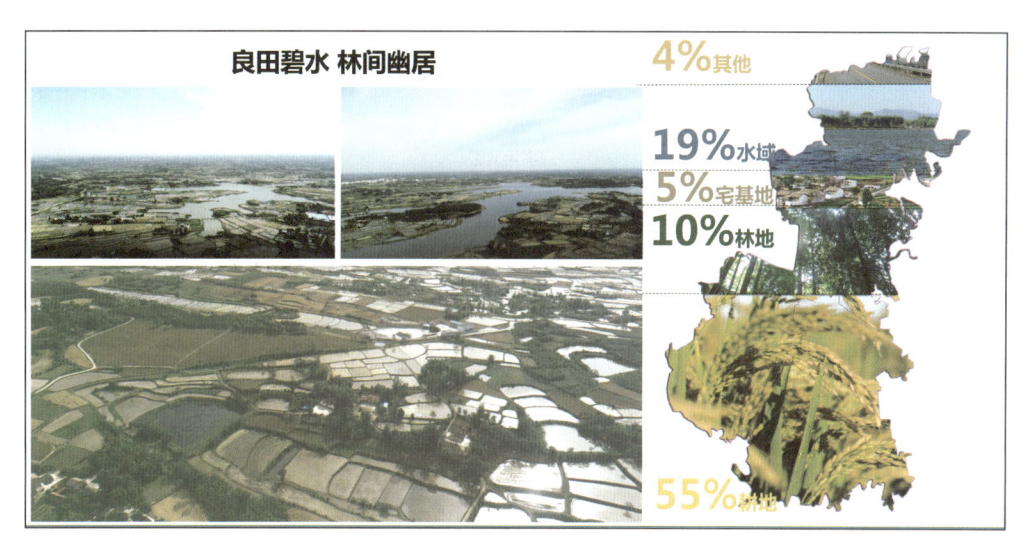

图 17　某全域国土综合整治项目区现状

注：本图展示了某全域国土综合整治项目区的现状和用地面积比例。

图 18　某全域国土综合整治项目区建设效果图

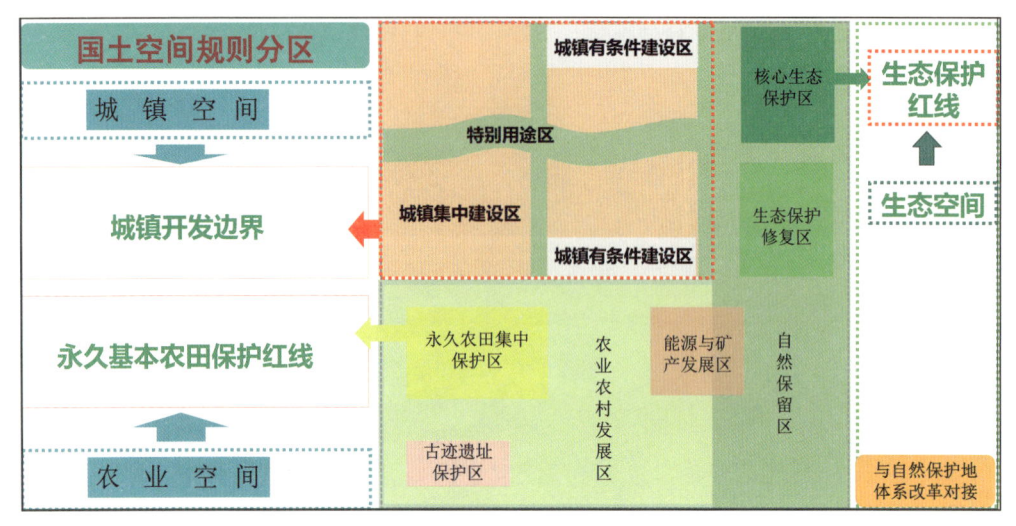

图 19　国土空间规划分区示意图

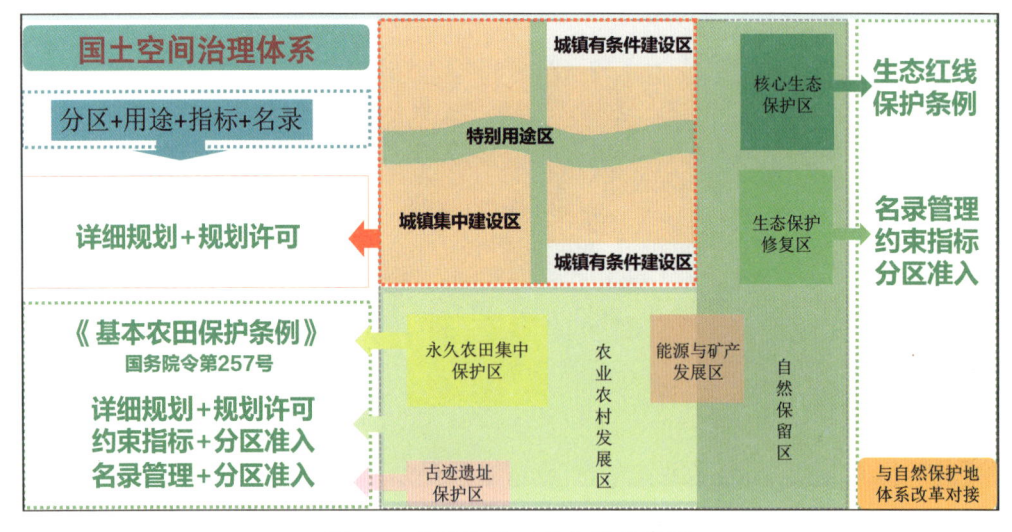

图 20　空间治理工具体系示意图

第三部分　咨询管理导图

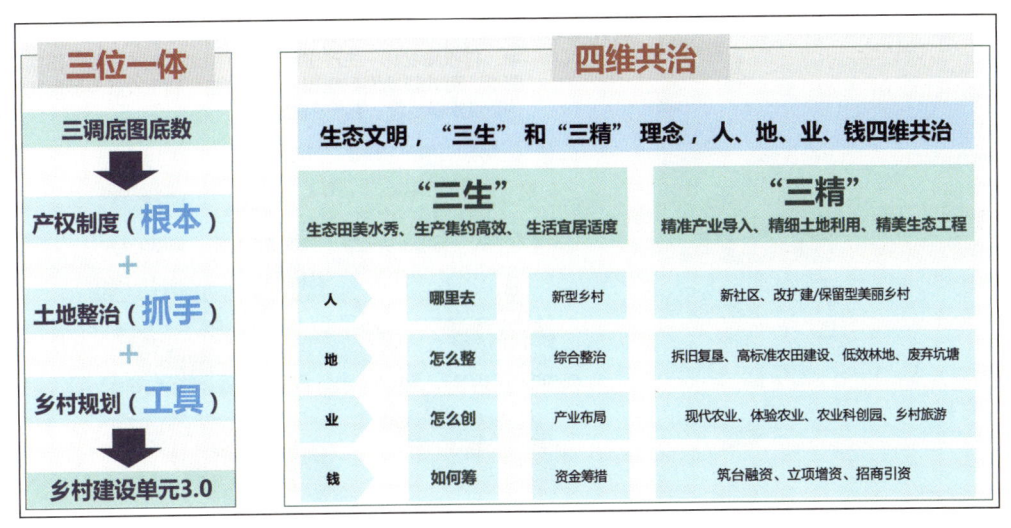

图21 "三位一体"四维共治模式图

注：本图说明了全域国土综合整治配套的村庄规划编制理念和思路，参见 B000、C0400、C0500 内容。

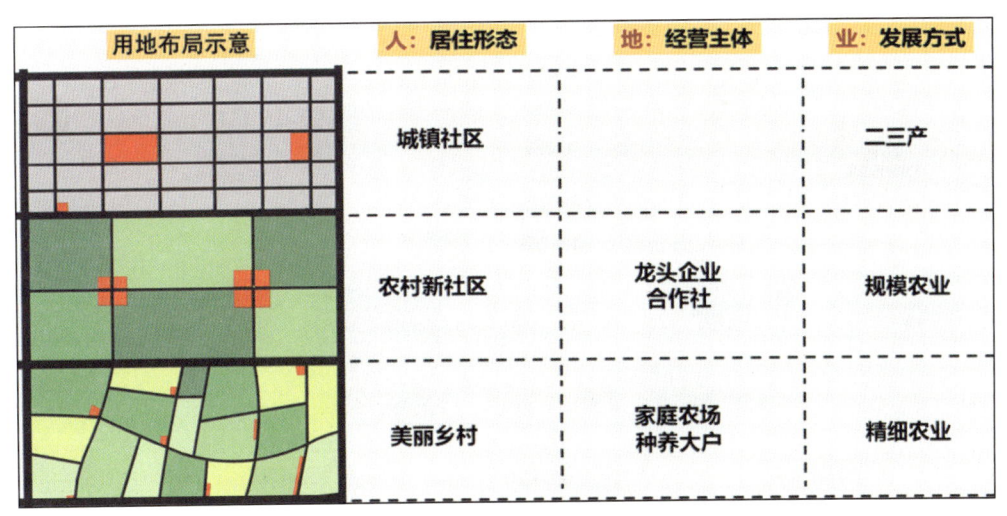

图22 人、地、业多元复合模式图

注：本图说明了全域国土综合整治配套的村庄规划用地布局模式，参见 B000、C0400、C0500 内容。

图 23　乡村设计引导意向图

注：本图说明了全域国土综合整治配套的村庄规划中关于乡村"田"要素设计的引导示意，参见 C0407 内容。

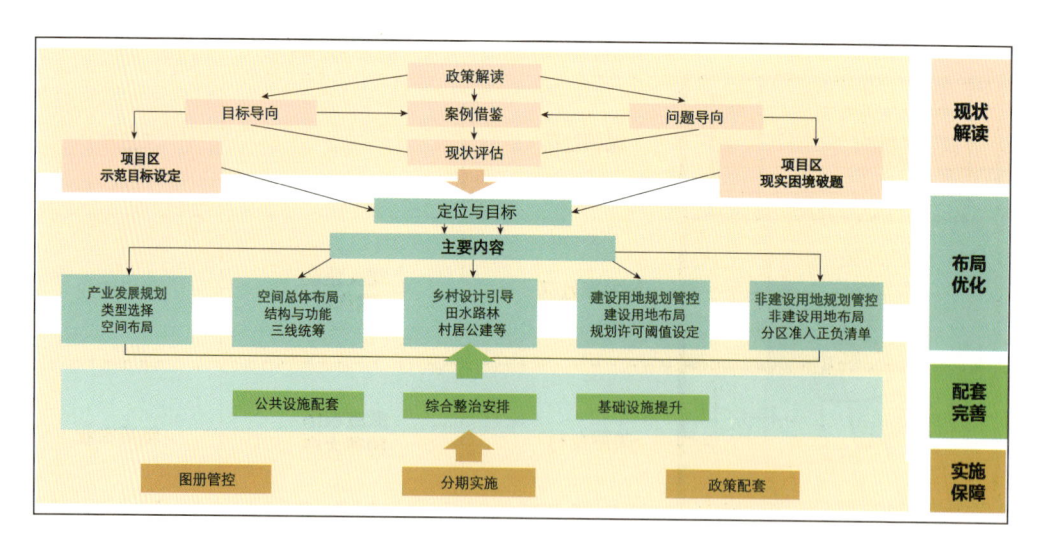

图 24　村庄规划技术路线图

注：本图说明了全域国土综合整治配套的村庄规划的技术路线图，参见 C0400 内容。

110

参考文献

[1] 陆大道，郭来喜. 地理学的研究核心——人地关系地域系统：论吴传钧院士的地理学思想与学术贡献[J]. 地理学报，1998，53（2）：97-105.

[2] 严圣华，饶翔，等."乡村建设控制单元"在城乡统筹规划中的应用[C]// 2012年中国城市规划年会论文集，2012.

[3] 严圣华，王海英，熊娟，等. 基于建设单元的新型社区布点规划：以湖北省沙洋县为例[C]// 2012年中国城市规划年会论文集，2012.

[4] 严圣华，熊娟，孙桂英，等."人地业"复合：一种村庄规划理论的新范式[J]. 规划师论丛，2020：305-310.

[5] 周心琴，张小林. 我国乡村地理学研究回顾与展望[J]. 经济地理，2005，25（2）：285-288.

[6] 朱余斌. 建国以来乡村治理体系的演变与发展研究[D]. 上海：上海社会科学院，2017.

[7] 严圣华，等. 乡村规划的理论、实践和新探索[M]. 武汉：湖北科学技术出版社，2021.

[8] 郝庆，孟旭光，刘天科. 国土综合整治研究[M]. 北京：科学出版社，2018.

[9] 上海市规划和国土资源管理局，上海市城市规划设计研究院. 上海郊野单元规划探索和实践[M]. 上海：同济大学出版社，2015.

[10] 上海同济工程咨询有限公司. 全过程工程咨询实践指南[M]. 北京：中国建筑工业出版社，2018.

［11］上海市建设工程咨询行业协会，同济大学复杂工程管理研究院.建设工程项目管理服务大纲和指南［M］.上海：同济大学出版社，2018.

［12］全国注册咨询工程师（投资）职业资格考试教材编写委员会.工程咨询概论：［M］.2017年版.北京：中国计划出版社，2017.

［13］全国注册咨询工程师（投资）职业资格考试教材编写委员会.项目决策分析与评价［M］.北京：中国统计出版社，2019.

［14］全国注册咨询工程师（投资）职业资格考试教材编写委员会.现代咨询方法与实务［M］.北京：中国统计出版社，2019.

［15］全国注册咨询工程师（投资）职业资格考试教材编写委员会.工程项目组织与管理［M］.北京：中国统计出版社，2019.

［16］国家市场监督管理总局，中国国家标准化管理委员会.项目管理指南［S］.中华人民共和国标准GB/T37507—2019.

后 记

生态文明新时代，国家实施乡村振兴战略，开展全域国土综合整治项目试点，实施"山水林田湖草沙冰"系统治理。发展新阶段、落实新理念、塑造新格局，不断通过理论探索和实践经验双向校核总结，我们认为全域国土综合整治是落实国家乡村振兴战略的系统最优解。

2018年，《中共中央、国务院关于实施乡村振兴战略的意见》和《国家乡村振兴战略规划（2018—2022年）》中提出，到2022年全国建设1000个全域国土综合整治示范村镇；2019年12月10日，自然资源部印发《关于开展全域土地综合整治试点工作的通知》（自然资发〔2019〕194号）；2021年4月14日，自然资源部国土空间生态修复司印发《全域土地综合整治试点实施方案编制大纲（试行）》。自2018年以来，各级政府自然资源主管部门按自然资源部统一部署，开展了大量的全域国土综合整治项目试点。

全域国土综合整治是指对一定区域内各类型土地进行全域规划、整体设计、综合治理，强调整治对象、内容、手段、措施的综合性以及整治目标的多元化和实施模式的多样化。相比于单一的土地整理、乡村人居环境整治、农田水利等工程，全域国土综合整治要复杂得多。从纵向来看，全域国土综合整治涉及建设项目的决策、设计、施工、运营全生命周期；从横向来看，全域国土综合整治涉及"监管方、业主方、资本方、服务方"等多个利益相关方；从规划设计角度看，涉及城乡规划、土地规划、土地整治、建筑设计、景观设计、农田水利、道路交通、生态环境等10余个专业。这注定了全域国土综合整治是一个复杂的巨系统工程，且没有成熟经验、标准模式可以借鉴的新业务领域。

　　自 2019 年以来，笔者及所属团队总结了 10 余年参与乡村地区规划编制的经验，出版了专著《乡村规划的理论、实践和新探索》，为开展全域国土综合整治进行技术储备；2020 年以来，深度参与了湖北省的全域国土综合整治试点，我们发现传统的规划技术思维已难以适应新阶段乡村振兴发展的需求，必须从乡村振兴项目的决策、设计、施工、运营全生命周期进行全生命周期服务，为解答全域国土综合整治项目各参与方的困惑，我们全面总结了近三年的理论探索和实践经验，编制了专著《全域国土综合整治项目全过程咨询和管理指南》（以下简称《全域指南》）供业界参考和交流探讨。

　　我们把《全域指南》高度概括提炼为"348"模式，即组织管理三架构、顶层规划四要素、全程运作八字诀，具体如下：①组织管理三架构是指项目要建立 SPV 公司架构、全咨服务架构和 RIM 数据架构；②顶层规划四要素是指作为全域国土综合整治项目的顶层村庄规划，要重点回答好人哪里去、地怎么整、业怎么创、钱如何筹等问题；③项目运作八字诀是指项目要重点关注策、融、投、规、设、建、管、运等环节。为方便使用者快速掌握我们的解决方案，我们从项目运作管理大纲、指南、导图等 3 个维度，对《全域指南》进行了详细介绍。

　　通过《全域指南》的编著，我们希望简单明了地向项目各参与方介绍全域国土综合整治的相关诀窍，并试图回答乡村振兴的一系列问题：①什么是全域国土综合整治？②为什么要实施全域国土综合整治？③如何编制实施全域国土综合整治实施方案？④如何开展国土综合整治的顶层规划和子项施工图设计？⑤全域国土综合整治项目的运作和管理模式是怎样的？⑥全域国土综合整治痛难点、立项策划重点、投融资平衡基本原则是什么？⑦如何通过全域国土综合整治实现乡村资源资产整合？⑧如何构筑集体经济合作组织，并通过内外置金融盘活乡村资源资产，实现社内经营、社外经营与市场需求对接，打通乡村资源资产变现的任

后 记

督二脉？⑨乡村振兴的顶层战略和底层逻辑是什么？⑩为什么说全域国土综合整治是乡村振兴的系统最优解？⑪全域国土综合整治与乡村振兴、生态文明体制改革、生命共同体、山水林田湖草沙冰系统治理等之间的内生关系是怎样的？

《全域指南》的编著得到了相关单位和个人的支持与帮助，在此一并表示感谢。由于时间和水平有限，且全域国土综合整治仍处于试点阶段，编著工作难免有疏漏之处，若读者在阅读、使用中发现有不妥之处，请及时联系，以便修改完善。

详细了解"348"模式请扫描著者简介下方二维码。

联系方式：18627861578（微信同号）

联系邮箱：326949935@qq.com

严圣华

2022 年 6 月 28 日